吕晓彬

巴菲特慢慢变富的投资智慧

做财富的朋友

吕晓彤 著

浙江人民出版社

吕晓彤

- 香港中文大学金融学硕士，微木控股创始人
- 曾任当代置业首席投资官
- 曾任全球著名私募基金力鼎资本高级副总裁
- 管理学至高荣誉《哈佛商业评论》拉姆·查兰管理实践奖得主
- 荣登"创业邦中国 40 位 40 岁以下投资人"榜单
- 中国最佳创业投资人 TOP 100
- 入选"福布斯中国·青年海归菁英 100 人"
- 畅销书《财富池》作者
- 经典投资案例：来伊份、第一服务控股、果子熟了、长寿花、睿创微纳等

顺势而为，不逆势而动

不越雷池，不迫维谷

礼让三分，利让三分

不要赚最后一个铜板

慢慢变富的投资智慧

1　投资是一场无限的游戏，关键在于"每一次都不能死"。

2　耐心是一个投资人必备的素质，提早入局看似抓住了风口，但也容易把自己拉到风险最高的地方。

3　致富并不需要拥有很多的东西，真正的富有取决于如何管理自己的欲望。

4　在投资和在企业经营上面，有时候不动比动更有价值。

5　投资过程中股票的短期波动是常有的事，当你觉得这家公司是好公司时，股票下跌只是给你提供了更大的安全边际。

6　有经验的人通过努力获得金钱，而有钱的人则通过金钱获得经验，这就是这个世界的公平之处。

7 在错误的道路上坚持越久，就离成功越远。

8 保持轻资产，绝对不去搞什么重资产，少赚可以，绝对不能赔钱。

9 逆周期的时候就一定要干逆周期的事，顺周期的时候就一定要干顺周期的事。

10 对于普通的投资人来说，最难的是要先知道自己的能力圈范围。

11 市场也会犯错，而优秀的投资者能够抓住这些错误带来的机会。

12 一个真正好的生意同时具备三个支柱：好行业、好管理层和好价格。

13 永远不要和一头猪摔跤，永远不要试图和一个坏人达成一个好交易。

目　录 ── CONTENTS

Part

01

价值投资，效率为王

Part

03 市场波动中的投资智慧

Part

04 穿越泡沫与危机

Part

05 全球投资界的领航者

投资是一个生意，
而不是一场金融游戏。

价值投资，效率为王

———————

可以少赚，

但绝不能赔钱

01

1965—1971 年（35—41 岁）

巴菲特投资生涯的早期阶段，他采纳了格雷厄姆的安全边际理论，并幽默地将其比喻为"捡烟头"投资法，即专注于寻找并购买市场价值远低于其真实潜力的低价股票。

安全边际，即价值与市场价格之间的差异，构成了价值投资的核心，也是巴菲特投资哲学的关键所在。他细致分析公司的基本面和财务状况，以确定股票的内在价值，并在市场低估这些价值时果断出手。

在这一时期，巴菲特频繁运用"捡烟头"策略，通过发掘并投资被市场忽视的低估值股票，实现了显著的超额回报。伯克希尔·哈撒韦公司在此期间取得了 16.88% 的年化回报率，充分证明了这一策略的有效性。

这些早期的成功经验和策略，不仅为巴菲特日后的投资事业奠定了坚实的基础，也为广大投资者提供了宝贵的参考和启示。

一个不好的行业，就像一艘漏水的船

解读巴菲特给股东的第 1 封信（1965 年）

在投资领域，沃伦·巴菲特的名字如雷贯耳，他的智慧和成就激励着无数人在金融的海洋中探索前行。而巴菲特与伯克希尔·哈撒韦的故事，更是一段充满传奇色彩的商业史诗。

一、从股票爱好者到实业

很多人对巴菲特的"滚雪球"理论耳熟能详。滚雪球是巴菲特独有的投资理念，意思是如同在雪地上推动一个小雪球，通过不断地积累和复利效应，使其逐渐壮大为巨大的雪球。它意味着通过投资所产生的复利，将小额本金经过长时间的积累和滚动，最终实现财富的巨额增长。

然而，在成为伯克希尔·哈撒韦的控股股东之前，巴菲特还只是一个对股票充满热情的爱好者。为了能在股票市场获得更多收益，他拜在美国著名投资家、经济学家本杰明·格雷厄姆[1]门下。格雷厄姆

1　本杰明·格雷厄姆，生于 1894 年，被广泛认为是现代价值投资的创始人。巴菲特是他的学生和追随者。——编者注

被誉为"华尔街教父"，其投资理念和方法对巴菲特产生了深远的影响。巴菲特从他那里学会了名为"捡烟头"的投资技巧。

"捡烟头"是一种独特的投资策略，即在股市中寻找那些被大众忽视、价格超级低但实际价值很高的股票或公司。这就好比在地上捡到一根还没抽完的烟头，虽然外表看起来不起眼，但说不定里面还剩下大半截好烟。在那个时期，美国国内外形势动荡不安，战争与瘟疫频繁发生，股市的流通性远不如现在这般顺畅。因此，即使是很小的交易量也可能引发巨大的股价波动。而巴菲特正是凭借着"捡烟头"这一策略，赚到了人生的第一桶金。

然而，作为一个单纯炒股票的人，与普通股民相比并没有太大的区别，这显然无法实现巴菲特的人生理想。于是，他开始思考如何进军实业领域。巴菲特心中盘算着：既然在股市上可以通过"捡烟头"的方式收购有潜力的股票，那么如果要做实业，为何不"捡"一家公司，成为它的大股东呢？

1965 年，巴菲特终于找到了一家各项指标都符合他预期，并且价格相对较为便宜的纺织公司——伯克希尔·哈撒韦。他看到了纺织行业的市场前景以及这家公司所蕴含的潜力，于是果断地以远低于净资产的价格收购了它，从而成为伯克希尔·哈撒韦的控股股东。

彼时，巴菲特既不是董事长，也不是 CEO，仅仅是一名控股股东。但这一身份赋予了他对公司重大决策和管理的权力。由于巴菲特自身并不懂纺织技术，所以他只是负责为公司提供战略指导，而公司的纺织工作依旧按照以往的方式继续进行。

二、尝试给股东写信

为了加强与股东之间的沟通和交流，让股东们更加了解公司的情况，增强对公司的信任和理解，巴菲特决定给所有的股东写一封信。这封信不仅仅是一份简单的报告，更是他与股东们建立联系的重要桥梁。

在这封信中，巴菲特介绍了自己接手前一年伯克希尔·哈撒韦的经营状态。当时，公司账上只有90多万美元现金，并且还面临着持续亏损的困境。面对这样的局面，巴菲特在入股公司的第一时间就开始思考如何止损，以及如何提高净资产回报率[1]。

为了实现这一目标，巴菲特采取了一系列果断的措施。他首先清理了财务账目，通过裁员、降低库存，将不盈利的工厂及资产进行清算和拍卖，最大限度地缩减了开支，释放了现金。同时，他提前偿还了200多万美元的银行贷款，以此来减轻公司的财务压力。此外，巴菲特并没有忘记提升产品质量，他投入了80多万美元购买新设备。

事实证明，巴菲特确实深谙公司经营与管理之道。他所制定的这一系列措施取得了显著的成效，有效改善了伯克希尔·哈撒韦的经营状况。在收购后的第一年，也就是1965年，公司成功实现了扭亏为

1　净资产回报率（Return on Equity，简称 ROE）是衡量公司盈利能力的重要指标，表示股东投资的收益率。它是用来评估公司利用股东投资产生利润的效率。ROE 越高，说明公司利用股东资本创造利润的能力越强。——编者注

盈，盈利达到了 220 万美元。

在信中，巴菲特还提到，在公司盈利之后，首要任务就是提升运营效率，继续努力提高公司的利润。

然而，在这封信的结尾，巴菲特却写下了这样一段话："在一个不好的行业里面，你就像在一艘漏水的船里面，再努力跑也没有用。目前，我认为我们的纺织行业是有希望的。"这句话看似平淡无奇，却蕴含着深刻的商业哲理。它提醒着人们，选择一个好的行业对于企业的发展至关重要。如果行业前景不佳，即使企业再努力，也可能难以取得理想的成绩。

有意思的是，第二年，也就是 1966 年，巴菲特在给股东们的信中就表示"自己认为纺织行业有希望这件事搞错了"。所以，1966 年的股东信比 1965 年的信篇幅更长，巴菲特在其中详细解释了为什么纺织行业不靠谱，以及他接下来的打算。他深刻地认识到，纺织行业面临着诸多挑战，如激烈的市场竞争、不断上升的成本，以及技术的快速变革等。这些因素使得纺织行业的前景变得十分不确定。

"双轮驱动"突破困境

解读巴菲特给股东的第 2 封信（1966 年）

1966 年，巴菲特给股东写了第二封信。相较于 1965 年的那封，第二封信更富有情感。那一年，巴菲特最开始在信的起首语写的是"亲爱的股东"，写着写着他就不知道该如何继续了。于是，他灵机一动，把起首语改成了"Dear Doris"（亲爱的多丽丝）[1]，果然，一换称呼，他立马就找到了感觉，行文也就变得极为顺畅了。

一、两个突围重点

这封信里，巴菲特可是把伯克希尔·哈撒韦近 6 年的运营情况扒

1　Doris 是巴菲特的姐姐多丽丝·巴菲特。她是一位慈善家，以其慷慨的慈善事业和对社会的贡献而闻名。多丽丝一生致力于帮助那些在生活中遇到困难的人，她于 1996 年创立了阳光夫人基金会，专门向有需要的人提供援助。多丽丝和沃伦·巴菲特一样，也受到家庭教育的影响，关心社会并乐于分享财富。她的慈善工作方式独特，常常亲自回信给写信求助的人，确保帮助真正送到需要的个人或家庭手中。——编者注

了个底朝天。从收入、产品、固定资产，还有税收等全都翻了个遍。他分析了伯克希尔·哈撒韦近6年来的运营情况以及这家公司自成立以来的盈亏规律。经过分析，他发现伯克希尔·哈撒韦当时所处的纺织行业属于一个周期性行业，就如同坐过山车一般，时好时坏。

而1966年，正处在纺织行业的下行周期里，如同到了过山车的谷底。当时，公司盈利能力大不如从前，收入越来越少，销售净资产较1965年下滑了21%，净资产的周转效率更是跌回到了1960年的水平。

巴菲特是个聪明人，面对这种局面，他知道如果继续死守纺织业，那可就是等着被行业周期给淘汰。所以，他提出了两个突围的重点：

第一，就是要把公司的债务和流动资金看得比命还重要。只有把这两样搞定，才能稳稳当当地应对纺织业的波动。

第二，必须得再去找家公司来收购。因为纺织行业处在下行周期，得找个新的赚钱路子，必须收购一家公司来扩大营收渠道。

当时企业一直处于亏损状态，没有足够的资金来投资、收购。伯克希尔·哈撒韦虽然是个上市公司，但股票卖不动，融资能力也不给力。巴菲特果断出手，说："咱们得先回笼资金！"他采取了内部裁员、低价盘活库存等方式来回笼资金，也相当于给企业来了个"大换血"。

当时，为了盘活那堆库存，巴菲特更是下了血本，请来了一帮顶级销售精英，给他们放话："你们谁能把这些货推销出去，我会给你们比其他货品更高的提成。"到了1966年底，公司的流动资金情况已经有所好转。

二、开启实业加投资"双轮驱动"

在信里，巴菲特坦言："我们面临一个问题，那就是想要增加营收，就得收购公司或购买设备继续扩张纺织业。"那时候他还没有对纺织行业彻底死心，毕竟伯克希尔·哈撒韦是一个积累了很长时间，且在纺织业很知名的公司。预售后，巴菲特用回笼的第一笔资金买了新设备，他自己也陷入了折腾盘活资金—改设备—盯生产的循环里。那段时间，他在纺织业的挣扎让他痛苦不堪，甚至严重影响了他的睡眠。

后来，巴菲特说了这样一句话："在纺织业那些年的痛苦，让我明白了一件事。**在一个优秀的创始人和一个好的行业里二选一，我一定会选好的行业。**"这句话对投资行业都产生了巨大的影响。不管我们投几级市场，任何一个 BP（Business Plan，商业计划书）的融资开篇必须先写行业，如果投资的行业都不行，后面就很难吸引投资者继续关注了。

另外，巴菲特在信里面还提到了极端情况的可能："如果陷入行业下行周期，卖不出去产品，原材料又不断上涨，这时候怎么办？是否有足够的资金维持工厂的运转？"

基于这样的思考，巴菲特格外重视现金流的管理，每天看到账上又多了一些钱，他就感到安心。将现金流当成头等大事，也慢慢成为伯克希尔·哈撒韦重要的企业文化之一。

经过不断的资金回笼，到了 1966 年底，伯克希尔·哈撒韦账上已经积累了 90 万美元。这时，巴菲特决定把这些资金投入股票市场，以换回更多的收益。但他深知，这 90 万美元是公司的全部家当，所以在选择投资标的时，他格外谨慎。既要确保投资不会亏损，又要保证在需要资金时能够迅速抽回。按照这个思路，**巴菲特开启了实业加投资"双轮驱动"的经营。**

巴菲特在股东信里面写了一句经典的话："我为什么要做投资？肯定有很多股东会问我好好做实业不行吗？这就像我周末的时候去参加一个约会，如果我是一个双性恋，我约会成功的概率会高很多。"

正是凭借实业加投资"双轮驱动"，这一年所有股东都得到了每股 10 美分的分红。巴菲特的理念是，他掌舵公司后就要让股东知道，跟着他赚钱就会有分红。所以他每年督促自己投资的公司进行分红，秉持着自己的原则，即跟着他就能有收益并获得分红；如果公司不分红，他便不会与其合作。这就是巴菲特鲜明且具有影响力的投资与经营文化。他以自身的实际行动和理念，在投资界和企业经营管理方面树立了独特的风格，既注重公司的盈利与发展，也重视股东的利益回报。

体会到钱生钱的魅力

解读巴菲特给股东的第 3 封信（1967 年）

在 1967 年，纺织业面临着销售持续下滑的困境。巴菲特一方面积极致力于降低库存，另一方面在 1966 年的股东信中明确提出要寻找新的增长点，毕竟纺织行业当时的状况极为糟糕。他开始组建美女销售队伍，同时进军女装市场，他的想法是既然从事纺织业，那涉足服装销售领域就顺理成章。

一、关闭无法盈利的部门

纺织行业，作为一个具有明显周期性的领域，效益起伏不定。到了某个特定的时期，尤其是第四季度，出现了一丝回暖的迹象。然而，巴菲特在进行内部盘点时，却敏锐地发现了一些问题。尽管行业形势有所好转，但一些部门，比如生产棉质细布的部门，却依然无法实现盈利。巴菲特向来行事果断，面对这种情况，他毫不犹豫地做出了决定——关闭这些无法盈利的部门。尽管这一决定需要付出高达 100 万美元的代价，但他深知，对于一个企业来说，及时止损是至关重要的。

时间来到 1967 年，有一个值得我们深入思考的情况。在 1966 年时，巴菲特的账上仅仅只有 90 多万美元的现金。从这一点，我们可以清晰地看出巴菲特极为厉害之处。他并非那种追求企业规模宏大、盲目贪大求全之人，也不是一心只想领导一个大型公司以彰显自己地位的人，而是一个完全以财务利润为导向的智者。

在当年的股东大会上，有人向巴菲特询问若想成为优秀投资人有何建议。巴菲特毫不犹豫地回答称，需先做几年苦生意，因为自己没做过生意很难成为顶级投资人。他的这番话，深刻地揭示了**实践经验**在投资领域的重要性。只有通过亲身经历各种商业挑战，才能真正理解市场的运作规律，从而做出明智的投资决策。

二、买入国民保险公司

1967 年，巴菲特做出了一项重要举措。他觉得纺织行业实在太过艰难，总是渴望在其他领域寻找投资机会。在 1966 年，他购买了一些稳健的基金债券，以确保资金能够及时回笼。而在 1967 年，他正式踏入保险业，从杰克·林沃特手中买下了如今备受关注的国民保险公司。[1]

巴菲特购买保险公司看似突然，实则有着深厚的渊源。早在他

---

1 杰克·林沃特是国民保险公司的创始人，他通过经营国民赔偿保险公司在保险行业取得了成功。巴菲特对这家保险公司的商业模式和盈利能力非常感兴趣，这也开启了他对保险业务的投资，并最终促使伯克希尔·哈撒韦发展成为一个保险和投资巨头。——编者注

21 岁上大学时，就曾撰写过一篇关于保险公司 GEICO[1] 的著名研究报告。为什么他会选择研究这家公司呢？这是因为他的老师格雷厄姆在 1948 年花费 71 万美元买下了保险公司 GEICO。格雷厄姆喜欢给别人讲课，曾感慨自己一辈子挣的钱还没有在 GEICO 上单笔挣得多，这引起了巴菲特的强烈好奇。为什么自己尊敬的老师挣了一辈子钱，却还不如在一单生意上挣得多呢？带着这样的疑问，巴菲特深入研究，撰写了一篇关于 GEICO 的研究报告。

格雷厄姆是 GEICO 的董事长，巴菲特越研究越起劲，他不甘于仅仅停留在理论层面。于是，在某个周末，他怀着满腔热情踏上了前往华盛顿的火车，前往 GEICO 公司。然而，当他到达时却发现公司员工周六不上班。但他并没有放弃，在敲门后得知有一位副总裁戴维森在加班。随后，巴菲特便毫不犹豫地前去寻找戴维森。

戴维森看到巴菲特后，觉得他气宇不凡，便花了 4 个小时给巴菲特详细讲解保险公司的商业模式。巴菲特称戴维森为自己在保险业的教父，在后来的一次采访中，巴菲特感慨地说："那天下午，戴维森改变了我的人生。"后来，GEICO 破产，巴菲特将其收购并任命戴维森为 CEO。戴维森活到 97 岁，于 1999 年去世。他的教诲和影响，深深地烙印在了巴菲特的投资理念中。

巴菲特买了伯克希尔·哈撒韦之后，作为一个上市公司老板，每

---

1 GEICO，即政府雇员保险公司，是一家美国的汽车保险公司，以其绿色的壁虎吉祥物而闻名。它成立于 1936 年，总部位于马里兰州，最初是为政府雇员提供保险的，后来逐渐扩大到公众市场，成为美国最大的汽车保险公司之一。——编者注

天忙于各种社交活动。在这个过程中，他认识了国民保险公司的董事查理·黑德。该公司董事长兼创始人杰克·林沃特情绪不稳定，每年都会有 15 分钟拍桌子说要卖掉公司，原因是经常面临税务、工商检查以及保单问题等。巴菲特告知查理·黑德，下次林沃特再拍桌子说要卖公司时，一定要马上给他打电话，因为他想买下这家保险公司。

　　在 1967 年 2 月的某一天，巴菲特还在忙于纺织业务时，接到了一通电话。打电话的人提及收购之事。对方提出想要以每股 50 美元的价格出售公司股份。巴菲特迅速拿出计算器计算后，虽觉得价格有点贵，但考虑到对方一年也就冲动这么 15 分钟，于是决定成交。他立刻去找董事长林沃特，询问其是否想卖公司，林沃特在冲动之下签了合同。然而，当林沃特冷静下来后，他反悔了，说不卖了，要求巴菲特归还合同。但巴菲特把合同揣在怀里，坚决表示买定离手，不可能归还。林沃特试图让巴菲特归还合同，但巴菲特态度强硬，称合同已经无法更改。

　　之后，巴菲特劝说林沃特，称保险行业形势不佳，而他又时常情绪不稳定，但自己只是因为纺织业太差才想收购保险公司来赚钱，且自己没管理过保险公司，希望林沃特留下来帮忙管理。最终，林沃特留了下来。巴菲特在之后的股东大会上曾提及此事，有人疑惑为何转变如此迅速，从纺织一下就到了国民保险。他表示真正懂得公司不能超过 5 分钟，关键功夫在平时积累以及对机会的把握等室外功夫。[1]

1　理解一家公司及其业务的核心要素并不需要花费过多时间。在巴菲特看来，投资者只需在短时间内通过自己的经验和知识对公司进行基本判断。养成这种判断能力的基础在于投资者日常的学习和积累。——编者注

这充分体现了巴菲特在商业决策中的果敢以及对机会的敏锐捕捉。即便过程中有波折，他也能坚定地按照自己的想法达成交易并解决后续问题。

在 1967 年有了国民保险公司后，伯克希尔·哈撒韦的保险业务为其贡献了大量收入，甚至超过了纺织业务。收购保险公司虽花费不少，但保险业务的利润一方面来自承保，另一方面源于未兑付保费用于投资所形成的浮存金。巴菲特看到保险收入超过纺织后，不禁感叹，终于明白格雷厄姆所说的，辛苦操作纺织却不如保险公司挣钱多，认为不能只专注于纺织业，一定要走向多元化。此时，他深切感受到了钱生钱的魅力，开始思考如何让财富通过这种方式不断增值。

从 1967 年往后直至 2023 年的 56 年间，巴菲特的股东信风格有所转变，不再像之前那样着重讲述业务，而是开始涉及一些道德层面的内容。他回顾自己的一生，认为真正改变伯克希尔·哈撒韦的是 12 笔投资，而国民保险公司就是其中之一，足以见得这笔投资对公司发展的重要意义以及在巴菲特心中的关键地位。这不仅体现了国民保险公司在公司财务增长方面起到的巨大作用，也反映出其对公司战略转型等起到的关键引领作用。

感性投资，看你能不能输得起

解读巴菲特给股东的第 4 封信（1968 年）

从 1965 年到 1968 年，伯克希尔·哈撒韦经过巴菲特三年来的不断"折腾"，伯克希尔已不再是单一的纺织企业，而是转型为纺织与保险双引擎驱动的公司，步入了更为稳健的发展轨道。

一、及时止损，稳健发展

面对周期性明显的纺织行业，巴菲特稳住业务的方法非常直接：**盈利良好的部门，就继续给钱；运营不佳，立马砍掉。**这种决断力和及时止损的能力，正是企业家和投资人必备的基本素质。巴菲特对于"及时止损"的理念十分明确——任何无法自给自足、持续亏损的业务都应被果断终止。他可以接受公司财务持平，因为即便不盈利，公司也承担着社会责任，维系着众多员工的生计，这样的公司仍有保留的价值。然而，一旦出现亏损，就意味着在消耗股东的投资，此时必须毫不犹豫地采取行动，坚决削减，绝不能有丝毫拖延。

虽然简单粗暴，但不得不说确实有效，巴菲特一通裁员、一通整合，纺织业务基本实现了盈利。

而新收购的保险业务，因为前期的投入太高，巴菲特一直觉得净资产回报率比较一般，得增加利润。好在，国民保险公司在原来的老板，现在的 CEO 林沃特的运营下，业绩很好，虽然保费没有大幅增长，但也一直比较稳定。

二、也曾为情怀买单

在纺织业务和保险业务的"双轮驱动"下，伯克希尔的盈利情况也越来越好。看着账上的余钱一天天多了起来，巴菲特又开始想：怎么能让钱生钱呢？是不是又可以搞个新的投资了呢？有了这些想法，**从 1968 年开始，巴菲特正式开始搞投资了。**

确定了要搞投资，巴菲特做的第一件事就是清理了自己之前的一些小打小闹的投资。这些投资理财可以，比较稳健，但作为投资，价值不高。清理了这些投资之后，巴菲特收回了 150 万美元的现金。

我们可以想象一下，一个年轻人，跟着格雷厄姆一顿操作，成为一个上市公司的老板，又收购了国民保险公司，手里还握着不少的资金，春风得意，难免会膨胀。所以这个时候巴菲特就开始琢磨，**得实现点年轻时候的理想。**于是，没有经过慎重的思考，他就收购了《奥马哈太阳报》，还买了一家关联的印刷公司。

之所以投资报纸行业，是因为巴菲特的个人情结。他非常喜欢看报纸，从小就经常抱着《奥马哈太阳报》，一看就是一整天，还做过《华盛顿邮报》的报童。他觉得这个报纸简直就是小时候的梦，买不了《华盛顿邮报》，但是《奥马哈太阳报》还是买得起的。

而且，巴菲特对报纸这个行业有一定的了解，知道报纸这个生意没什么门槛，换谁都能经营。他还曾经问过一个报业的老板，怎么经营一家报社，对方告诉他，随便干就行了。虽然这种了解比较片面，但当时一心想着儿时梦想的巴菲特也没有想太多，直接就跟大家说，得买《奥马哈太阳报》，这个行业好，稳定还有前景。

很快，巴菲特就因为自己的不慎重开始烦恼。刚买下《奥马哈太阳报》，就发现在当地还有一个竞争对手叫《奥马哈世界先驱报》，而且人家比他做得更好。因为他对报纸不在行，慢慢地就被《奥马哈世界先驱报》给干倒闭了。

即便第一次投资报纸失败了，巴菲特还是觉得，男人这一辈子不就应该有点理想吗？然后他又买下了《水牛城晚报》，结果之后陷入了罢工官司，差点又倒闭了。这一次，巴菲特是真的下定了决心，一定不能让这个报社再倒闭，一定要把它救活。于是，他找到了一个经验丰富的职业经理人，这个人很厉害，一进来就把马上要倒闭的《水牛城晚报》给拉了回来。虽然救活了《水牛城晚报》，但之后的 23 年里也没挣到什么钱。

很多人都觉得巴菲特买下国民保险公司之后就开挂了，其实不是。买下保险公司之后，巴菲特就开始陷入所谓的打造生态和追求梦想的过程当中，犯了一些错，亏了一些钱。

若干年之后，虽然巴菲特很少提及这些事情，但当时他确实还是被少年情结"绑架"，还是有虚荣心，总是觉得报纸这个东西所有人都在看，如果都是我自己印的，那这事可太酷了。但其实真正合理的投资，不能只依赖感性的判断。

　　当然，在自身财力允许的情况下，适度为理想和幸福投资，无疑是一件美好的事情。比如，此刻悠闲地享用一杯下午茶，与他当年投资报社的举动，在某种意义上殊途同归，都是为了实现个人幸福与理想。

少赚可以，绝对不能赔钱

解读巴菲特给股东的第 5 封信（1969 年）

1969 年，巴菲特想的事儿和很多商业大佬一样。毕竟，伟人亦是从凡人起步，没有人一开始就是一个圣人。这一年，巴菲特做出了一个重要决定：关闭他此前创立的合伙制投资基金[1]。

一、关闭合伙基金

在当时的美国，由于注册制使得上市公司数量众多且估值低廉，巴菲特一直运营着一只投资基金，帮助自己亲朋好友炒股票。然而，在 1969 年致信合伙人时，他宣布了基金的关闭，并阐述了两大原因：

第一个原因，是很难找到好的标的，巴菲特秉承格雷厄姆的"捡烟头"策略，但在 1969 年资本市场持续利好，这一策略显得力不从

---

1 合伙制投资基金是一种以合伙形式组织的投资基金，通常由一组合伙人共同出资并共同管理。合伙制投资基金可以是有限合伙（LP）或普通合伙（GP）结构，主要用于私募股权投资、风险投资、房地产投资等领域。——编者注

心，几乎找不到值得投资的好公司。

第二个原因，有限合伙人对收益波动颇为敏感。而当时的巴菲特还不是投资大师，他也不能保证每次投资都能换来充足的回报。两边相互扯皮，基金没法发展。

这一现象揭示了投资基金模式的全球性困境：管理费收入微薄，难以支撑运营。

以中国的投资环境为例，若募集 1 亿元资金，按照行业惯例收取 2% 的管理费，实际到手仅有 200 万元。扣除渠道费用后，这一数字可能更低。对于许多公司而言，这样的收入难以覆盖运营成本，甚至有的老板为了维持运营，自己都不领取薪水。因此，只有募集到 10 亿元的资金，才能获得 2000 万元的管理费，勉强支撑公司的运营。这进一步印证了巴菲特当年所面临的挑战，以及投资基金模式在全球范围内的普遍困境。

巴菲特就面临这样的问题，想来想去他觉着自己作为伯克希尔的老板、实际控制人，经营公司才是正事。当一个企业家不好吗？和你们这些人扯什么呢？于是巴菲特就把这个合伙基金给关了，大家"一拍两散，各自安好"。

二、伯克希尔首次全面停产

回归公司，巴菲特发现经过 4 年的改造，伯克希尔的发展虽然取得了一定的成果，但还是有很多问题尚待解决。当初捡便宜捡来的纺织业务，迎来了更加艰难的衰退期。之前还能勉强挣到几个钱的那些部门也都开始亏损，工厂只好被迫停产。这几年，巴菲特在纺织业上花了很大的力气，他一直在不停地收缩，关停生产线，**总希望找到几个能盈利的生产线去支撑过纺织业的下行周期，但结果收入还是不断下滑**，净资产回报率不足5%，继续深耕已无前途，不得不停产。即便加上保险业务，整体净资产回报率也仅勉强超过10%。同时，他也觉得资本市场并非理想的投资场所，因此决定抛售所有股票。

1969年，巴菲特手头拥有500万美元，这包括伯克希尔的资金、他个人抛售股票所得，以及保险浮存金。他意识到，必须寻找新的业务领域，因为纺织行业已深陷衰退，难以复苏，曾经盈利的部门也开始亏损。这一切迫使巴菲特不得不做出停产的决定。

这一年，伯克希尔首次全面停产，工厂静默，机器停转。巴菲特感慨万分，他付出了巨大努力，却换来销售收入下滑12%的惨淡结果。他不得不采取收缩策略，关停部分生产线，寄希望于剩余盈利生产线能够支撑公司度过纺织行业的寒冬。然而，他发现这个周期实在难以扛过。

三、改掉贪便宜的习惯

有句话说得很好，**在错误的道路上坚持越久，就离成功越远**。后来在某次股东大会上，巴菲特也反思过自己这种喜欢捡便宜的毛病。他说"捡烟头"这种方法不靠谱，**他为了贪便宜，买过无烟煤公司，买过三家铁路公司，买过一家风机制造公司，买的时候挺便宜，最后发现啥都不是**。好搭档芒格还在旁边补充了一句，"还买过一家纺织公司"。他感激芒格，称自从结识芒格后，他才改掉了贪便宜的习惯，不再像格雷厄姆那样盲目追求低价股。

格雷厄姆的一生虽以破产告终，但他曾涉足的国民保险业务一度成为巴菲特的救命稻草。这得益于林沃特的坚持，他自1941年创立公司以来，始终坚持每笔交易都必须盈利的原则，这使得公司虽规模不大，却始终保持稳健。巴菲特对此极为看重，因为在他最艰难的时刻，正是国民保险业务的持续盈利为他提供了宝贵的资金支持。

在纺织业务拖后腿的时候，国民保险业务成为巴菲特少有的不需过多操心的盈利点。林沃特这个人虽然性格冲动，但有一个非常好的习惯，只要出手，必须挣钱，一单都不能亏。这种习惯或者说能力，是当初巴菲特坚持要把林沃特留下来的原因，也是保险业务能够成为伯克希尔当时的支柱业务的原因。林沃特的稳健经营策略给了巴菲特深刻的启示：**在有确定性时大胆下注，无确定性时则轻资产去实验，避免重资产投入带来的风险。**

既然多元化的路子走得通，巴菲特决定继续。此时的他，已经意识到"捡烟头"这招已经不好使了，在投资的时候也变得更加慎重。

四、可以少赚，但绝不能赔钱

在保险业务的扩大上，巴菲特定的基调是，**有确定性就下大注，没有确定性就不停地实验。保持轻资产，绝对不去搞重资产，可以少赚，但绝不能赔钱。**所以1969年国民保险做了点实验，轻资产试了两个方向：第一个方向是在加州设立一个办公室，进入了劳动保证金这个保险领域；第二个方向是设立了一个再保险部门，这两个方向都比较稳妥。

与此同时，保险业务的成功，让巴菲特开始注意到另外一个投资方向——银行。保险公司是人们往里存保费，银行是人们往里存钱，既然保险行业能赚钱，那银行是不是也能赚钱？想到这里，说干就干！巴菲特拿着之前卖股票的钱加上保险的浮存金一共大概 500 万美元，开始找合适的投资对象。

这次，在投资选择上，除了便宜以外，巴菲特还考虑了很多，最终他选择了一家位于小县城的银行——伊利诺伊国民银行。这家银行规模不大但效益很好，每年都有几十万美元的收益。1931 年创建，以 25 万美元起家，到了 1969 年，这家银行已经拥有 1700 万美元的净资产，以及 1 亿美元的存款，有着相对雄厚的资金储备和不错的发展前景。

经过一顿讨价还价，最终巴菲特用 500 万美元的价格，收购了伊利诺伊国民银行。为了复制保险业务的成功，他又一次留下了银行原来的老板，让他继续帮自己经营。同时，巴菲特也提出了自己的一些建议，说你这个银行得挣钱，现在成本太高，得裁员。在两个人的强强联合下，伊利诺伊银行在收购第一年就折腾出来 200 万美元的利润。

虽然之后巴菲特在 1970 年给股东的信里面又提到，要剥离伊利诺伊国民银行的业务，但这都是后话。

值得注意的是，此时的巴菲特尚未涉足投资领域。尽管他后来成为众人眼中的投资大神，但在这一时期，他仍在寻找真正适合自己的道路。巴菲特真正的财富积累是在他 50 岁之后才开始的。

净资产回报率决定收益

解读巴菲特给股东的第 6 封信（1970 年）

在 1970 年，巴菲特首次以伯克希尔·哈撒韦董事长身份写股东信。他认为这一年是伯克希尔真正的起点。为什么这么说呢？

当时的伯克希尔已经拥有了保险、银行、纺织和报纸四个业务，和之前那个靠着行业周期勉强存活的小小纺织厂完全不同了。**虽然业务实现了多元化，但实话实说，当时伯克希尔的经营水平其实只是一般。**

一、关注净资产回报率

巴菲特不断提及"净资产回报率"这一关键概念。公司所有业务合并后的净资产回报率为 10%，与美国公司平均水平持平，在巴菲特眼中这是家平庸的公司。

净资产即所有者权益，涵盖实收资本、盈余公积、未分配利润等，也可理解为资产总额减掉负债总额。简单来说，净资产回报率就是公司税后利润除以净资产。巴菲特坚信这是经营公司最重要的词汇之一。公司的现金、厂房、机器设备以及办公桌椅、电脑等所有资产总额减去负债后的部分就是净资产。该指标是衡量公司自有资本效率以及对股东投入资本利用效率的核心指标，弥补了税后利润指标的缺陷，是衡量公司钱生钱能力的关键。

在巴菲特的股东信中，对纺织业的描述十分严峻，用"价格低迷、需求不足、库存堆积"来概括。纺织业务负责人 K 尽管管理能力出众且付出诸多精力，相比其他经理人毫不逊色，但如同逆水行舟，再怎么努力也难以扭转局面。为了保住纺织业务，巴菲特不停地收缩、不停地砍掉不盈利的部门，但业绩还是刹不住地下滑，几乎看不到什么收益。工厂里堆着一堆没用的生产设备，想要拍卖也卖不了多少钱。从净资产回报率来看，巴菲特对其前景感到悲观。

二、保险业务的远见布局

保险业务方面，与上一年相比保费有显著增长。然而，承保的盈利能力却下降了。虽有保险浮存金可用于投资产品且当时美国股市表现尚可，但这也引发了一些人对巴菲特的质疑，认为他的成功依赖于可长期用于投资的保险浮存金。在伯克希尔的保险业务中，宾·沃领导的汽车保险业务在 1970 年股东信里呈现出保费大幅上升的情况，综合赔付率接近 100%，导致几乎没有盈利，这对保险业务的盈利状况产生了较大影响。

由于汽车保险业务赔付率高不赚钱，巴菲特感慨美国车祸多。于是他和林沃特商议后，在 1970 年孵化出一家意外伤亡保险公司。在这一年里，这家新公司有了些许起色。对于保险业务，虽然保费收入呈现出不错的增长态势，但盈利性难以准确评估。因为保险的赔付周期漫长，需要经过很多年才能完成所有赔付，所以看似当下赚取的钱，实际上具有很大的不确定性，无法确切知晓是否真正盈利。当时的保险业务中，第三块业务的保险业亏损状况极为严重。不过，巴菲特表示尽管保险业务当前存在诸多问题且看似只是在为公司产生收入，情况复杂暂不深入讨论，但不可忽视的是，保险业务在未来成功发展成为伯克希尔·哈撒韦业务的关键支柱。

提前透露一点，在十几年之后，有一位杰出的印度人阿吉特·贾因，在他领导汽车保险业务后，取得了令人瞩目的成绩，使业务发展迅猛。这也充分说明当时巴菲特对保险业务的坚持和布局具有长远的战略眼光，为公司后续的蓬勃发展奠定了坚实基础。阿吉特十分厉害，巴菲特甚至曾说过如果他、芒格和阿吉特三人同时落水，必须先救阿吉特。

三、决心尽快剥离银行业务

公司在纺织与保险两大业务板块呈现出不同的问题与发展态势，巴菲特也在思考如何应对并推动公司继续发展。

报纸业务就更不用说了，完全是巴菲特成全自己童年梦想的投资，资产占比和利润都小到可以忽略不计。

银行业务整体还算不错，1969 年之后业务开展有一定难度。抛开证券收益，净利润率和平均存款的比例超过了 2%。这在银行里面算是比较优秀的业绩了，但也就到这了，很难有更高的提升。因为在伊利诺伊州，银行不能设立分支机构。一个光杆司令，发展空间着实有限。而且，伊利诺伊州不仅有一家银行，想要赚更多的钱，就要提高存款利率吸引更多人把钱存进，同时降低贷款利率吸引更多人贷款。双面夹击，利润反而会越来越低。

虽然银行业务很难继续增长，可要是能一直保持这份稳稳当当的收益也不错。但让人没想到的是，1970 年美国出台了《银行控股公司修正法案》。该法案规定，从伯克希尔的资产状况、注册资金以及主业情况等多方面综合考量，伯克希尔不能再继续担任银行的大股东。这一法案要求巴菲特必须在 10 年之内剥离相关银行业务。巴菲特认为这个法案实际上拯救了他，让他认识到在银行领域继续发展下去不太靠谱。于是，他决定听从法案要求，尽快将银行业务剥离出去。经过这一番经历后，巴菲特更加坚定了专注于保险业务的决心，认为将精力集中在保险领域更有利于公司的发展，也更符合公司的长远利益。就这样，为数不多能赚钱的业务，也就此宣告结束。

保守稳重，方能长胜

解读巴菲特给股东的第 7 封信（1971 年）

1971 年，巴菲特在给股东写信的时候，比之前放松了很多。因为这一年，公司的净资产回报率从 10% 直接飙升到 14%，终于可以长舒一口气了。当然，如果从业务上来看，企业的发展依然不容乐观。

同时，巴菲特提到公司既有资产负债表上证券资产因股票投资而升值的情况，也有主营业务的利润所得。他认为不能只着眼于账面利润，强调要看到实质利润而非被表象迷惑，尤其是在有投资业务时更需重新定义利润。

在这一年，虽然净资产回报率超过了美国公司平均水平，但巴菲特认为距离他心中的好公司仍有差距。他心中的好公司净资产回报率需超过 20%，并且这一理念贯穿他之后的投资生涯，他之后做投资只考虑买入净资产回报率超 20% 的公司。也正因如此理念，他发现了美股中的喜诗糖果公司并将其视为当时的最爱，为后续投资行动埋下伏笔，体现出他清晰明确且具有前瞻性的投资标准与策略。

一、继续经营纺织业

这一年的纺织业依然萎靡不振，巴菲特认为纺织业已无前途，且银行业务也不能继续做了，于是决定专心搞保险。对于纺织业，他进行了深入分析，觉得自己已付出巨大努力，内心在挣扎是否继续经营。他考虑到若换作其他人，公司可能早已倒闭，而现在他虽想关闭纺织业务却十分纠结。纠结的原因在于伯克希尔的纺织业养着很多人，一旦关闭这些人将不知何去何从。

思来想去，巴菲特定了一个规则：纺织业务只要不亏钱就不关，大家继续干。

后来巴菲特回顾这段经历时表示，自己既不是完全的马克思主义者，也不是完全的亚当·斯密主义者，而是希望在两者之间找到平衡。他将这种态度写进公司手册，成为伯克希尔的经典经营原则，即要在保障就业与避免公司亏损之间找到平衡。很多公司老板对此可能感同身受，很多时候并非想裁员，而是在亏损时难以承受经济压力，若不亏则不会裁员。

二、银行业务保守经验

因为 1970 年出台的《银行控股公司修正法案》，巴菲特迟早要剥离掉银行业务。他想既然早晚都要关掉，现在就只干一件事——求稳。他给银行业务定了一条原则：保守经营。巴菲特认为银行业务都是杠杆生意，比如，一家银行的股东本金是 10 元，银行吸收了 90 元存款，看似得到了 100 元的投资本金，但其实是加了 10 倍的杠杆。一旦投资亏损了 10 元，股东的钱就全亏没了。与其冒风险做这种杠杆生意，不如控制好成本，维持现状就好了。

三、保险业务意外丰收

1971 年，巴菲特感慨财产和意外保险获得了大丰收。原因在于美国交通事故少，保费价格上涨且没有自然灾害，整个保险业务收益颇丰。林沃特领导的财险部门在 1970 年就是最大的业务部门，此时极为出色。然而，巴菲特提醒林沃特，鉴于财险业务如此赚钱，价格战很快就会来临。他预测在 1972 年，业务量肯定会大幅下降，毕竟1971 年盈利丰厚，必然会吸引众人涌入这个领域。

在保险业务方面，乔治·杨从 1969 年开始涉足，当时市场供给不足，保费价格上扬，到 1971 年承保盈利相当可观。但巴菲特指出，很多新的大资金玩家已经入场，保费价格将会下行，告诫乔治·杨不可得意忘形。看到这种情况，不禁令人心生敬畏。因为在盈利丰厚之际，巴菲特首先想到的是竞争对手即将涌入，"别人贪婪时我恐惧，别人恐惧时我贪婪"这句话在他身上体现得极为彻底。

巴菲特向乔治和林沃特阐释，保险行业属于周期行业。当盈利丰厚时，必然会吸引新的参与者进入市场，进而导致保费降低，价格战随即开启。他们二人虽从事保险多年却未察觉这一特性，而巴菲特清晰地指出其中关键逻辑。基于此判断，巴菲特为他们制定了独特的经营策略：**当保费上涨时积极进取，保费下降则适时撤退，并且始终牢记不能单纯追求规模的扩大，必须确保盈利。**

林沃特成功孵化出意外保险业务且发展态势良好。巴菲特认为该业务已验证成功，决定将其拓展至明尼苏达州和得克萨斯州。他采用的是稳扎稳打的区域复制模式，即在每个州依次开展业务，一个区域操作成熟后，再在该州成立新公司深入拓展，坚决不进行跨区复制，只有在当前区域成功运营后才进军下一个区域。同时，巴菲特为这些新公司设定了严格规则：绝对不能出现亏损情况，一旦有公司亏损，相关负责人将面临严厉惩处，在这种制度下可以不进行扩张。这一举措充分展现出巴菲特稳健且谨慎的经营理念。

由于保险业务模式优势显著，伯克希尔收购了芝加哥的一家居家·汽车保险公司。其创始人维克多·雅各布森在 1971 年就拥有 750 万美元的保费收入，足以证明他的才华与能力。维克多虽富有想法且极具才华，但因资本金不足，难以实现进一步发展。巴菲特看中了他的潜力，主动抛出橄榄枝，表示愿意提供资金支持，携手将事业做大做强。事实有力地证明，巴菲特在识别人才和招揽人才方面独具慧眼、能力非凡。维克多如同伊利诺伊国民银行的尤金·阿贝格那般精明且勤奋，尽管公司被收购，但他依旧以主人翁的态度积极投身工作。这不仅彰显出维克多自身优秀的职业素养，更凸显出巴菲特卓越的领导魅力，吸引众多有才华之人与其并肩作战，共同助力伯克希尔的发展壮大。

许多人心中满是疑惑，不禁向巴菲特发问：在你完成众多公司的收购后，为何那些人在归属伯克希尔之后，依然能够将工作完成得极为出色，并且始终对公司忠心耿耿、毫无异心呢？巴菲特针对这一问题给出了独树一帜的见解。他在评判人才时着重关注一个关键要点：即衡量一个人对待金钱和其自身所从事生意的态度倾向。若有一人，即便已无须为钱财之事烦忧，却依旧怀着满腔热忱，全身心地投入工作当中，那么这样的人无疑是巴菲特眼中的理想人选。巴菲特凭借着这一精准独到的识人标准，成功招揽并汇聚了一大批优秀的人才。

构建"护城河"，不惜代价

———————

市场短期是投票机，

长期才是称重机

PART

02

1972—1989 年（42—59 岁）

巴菲特投资生涯的成熟期，他采纳了芒格的建议，以 2500 万美元收购了喜诗糖果公司。这一收购事件成为巴菲特投资策略转变的分水岭，标志着他第一次对格雷厄姆理论做出的重大突破，也是他接受芒格的建议，开始注重投资优质企业的开端。

在此期间，巴菲特将格雷厄姆、菲利普·费雪和芒格的投资理念融合，形成"用低估或合理的价格购买优秀的企业"的投资哲学。减少套利操作和廉价股票的投资；增加对优秀企业的控制，并利用保险浮存金进行优质企业普通股的长期投资。

在 20 世纪 70 年代和 80 年代，美国股市经历了一定的波动，但整体呈现上涨趋势。这为巴菲特提供了丰富的投资机会。

巴菲特在这一阶段逐渐成熟，投资理念也从早期的"捡烟头"投资法转变为注重企业质量和长期增长潜力的投资策略。

坚守"护城河"，不懂就放手

解读巴菲特给股东的第 8 封信（1972 年）

1972 年，美国股市迎来了"漂亮 50"的热潮。这一术语起源于 20 世纪 60 年代末，当时摩根信托精选了 50 只美国蓝筹股，组成了一个投资组合，并强烈推荐每位投资者持有这些股票。

到了 1972 年，"漂亮 50"成为股市的明星，其中不乏迪士尼、麦当劳、可口可乐等知名企业。这些股票的股价飙升，尤其是在 1971 年业绩表现出色的基础上，1972 年的涨势更是让巴菲特喜出望外。因为他不仅持有了这些股票，还从中获得了高额的净资产回报率。当年，伯克希尔·哈撒韦的净资产回报率达到了惊人的 19.8%。巴菲特表示，这样的业绩已经相当接近他衡量伟大公司的标准了。

一、看不懂的不要碰

在欣喜之余，巴菲特再次展现了他的远见卓识。他提出了一个当时很多人难以理解的概念：由于 1972 年的业绩过于出色，尤其是"漂亮 50"的亮眼表现，他预计 1973 年的运营利润可能会下降。这体现了巴菲特一贯的谨慎态度。他认为，经过多年的调整，公司已经具备了较为稳定的盈利能力，而这种常态化盈利能力是公司价值评估的重要指标。如果一家公司缺乏常态化盈利能力，那么它的价值就难以被评估，甚至可以说没有太大的价值。

巴菲特又为伯克希尔确立了一项重要规矩。在面对任何事务，无论是收购公司还是进行投资活动时，他提出了一种独特的思考模式。他强调不要单纯地只看某个项目挣了多少钱，因为就像在 1972 年公司挣了不少钱，但并不能保证这样的利润可以持续保持。以当时"漂亮 50"股票的情况为例，大家都纷纷买入使其价格不断上涨，但到 1973 年大概率会出现下降趋势。由此看出，巴菲特每逢关键时刻总会保持谨慎态度。

巴菲特为伯克希尔订立了一项新规矩：在面对任何事情，包括收购或投资公司时，有一个关键要点，即不能仅仅依据某公司当下挣了多少钱作为判断依据。

因此，无论是经营企业、收购公司还是投资股票，巴菲特把决策都分成三类：yes（是）、no（不）和 very hard（非常艰难）。当面对投资标的时，如果是"yes"，意味着这个标的非常好，值得去购买；如果是"no"，那就是直接放弃的选择；有一种情况是非常艰难、极难判断的，即"very hard"。巴菲特指出，在一生的投资决策里，这种难以抉择的情况占到了 80%。

巴菲特还提到，自己的所有错误几乎都发生在 very hard 的投资项目上，为了让自己在面对这类项目时，抑制住冲动和欲望，他做了一张桌卡，只要一坐在椅子上，就可以提醒自己。巴菲特说，要么是看不懂，不在自己能力圈内的，要么是看懂了，可能也没法评估它的常态化盈利能力，在这种情况下都是 very hard，全都不要碰。

比如在 2008 年金融危机时期，高盛陷入流动性危机，向巴菲特求助。尽管巴菲特在金融领域经验丰富堪称专家，但他并没有选择购买高盛的股票，而是给予高盛高利息的优先贷款。即便他认为高盛股价看似已处于低位，但鉴于情况复杂难以判断，属于 very hard 的情况，不能搞。

巴菲特在信中还指出伯克希尔的常态化盈利能力主要源于当年收购的国民保险公司、国民银行以及居家·汽车保险公司。这几家公司不仅自身业务具有壁垒，而且经理人十分优秀，这便是常态化盈利能力的体现。**在此期间，巴菲特在股东信中首次提出了"Moat"（"护城河"）这一概念。他所理解的常态化盈利能力意味着每年能够稳定获取收益，闭着眼睛都能挣钱。**

二、在变化中稳健前行

在 1972 年，纺织业呈现出不错的态势，出现了回暖且实现了盈利。然而，巴菲特有着敏锐且长远的眼光，他深知这仅仅只是行业的短暂红利。此时库存已经处于较低水平，整个纺织业务中该关闭的部分都已完成关闭处理，他将这个原本较差的行业优化到了所能达到的极致状态。

与此同时，他所领导的传统保险业务以及乔治领导的再保险业务都取得了极为出色的成绩。但正如巴菲特所料，行业大幅盈利后，大量的竞争涌入。在 1972 年的股东信中，他再次精准预测，1973 年和 1974 年的承保利润将会收窄。即便 1972 年再次实现大幅盈利，也无法改变他对后续趋势的判断。

另外，意外保险公司在拓展至明尼苏达州和得克萨斯州的过程中遇到了挫折，新开的分公司经营效果不佳。巴菲特对此进行了总结与思考，他认为这是正常现象。在他看来，企业经营过程中不可能一帆风顺，遇到困难和挫折是难以避免的，但仍然要坚持既定的策略，如果业务实现盈利就进行复制推广；而当出现未做好的情况时，也需冷静对待，正常进行调整，不断总结经验教训，以便后续做出更合理的决策，推动企业持续向前发展。

在 1969 年至 1971 年期间，伯克希尔·哈撒韦迎来了良好的发展时机。得益于保费的大幅增长以及债券利率的上升，两者相乘带来了极为可观的投资收益。在 1969 年时，伯克希尔·哈撒韦的投资收益仅有 200 万美元，但到了 1972 年，这一数字已经增长至 700 万美元，这样的成绩让巴菲特颇为满意。

巴菲特清晰地阐述了公司的增长模式：对于优质的业务，积极进行复制推广；对于不良业务，则果断收缩。这看似简单的道理，实则蕴含着深刻的经营哲学。很多人认为巴菲特只是一位投资家，但实际上他所传达的理念更趋近于哲学层面。

银行业务方面，尽管经营难度较大且成本不断上升，但在阿贝格的经营下取得了不错的成绩。巴菲特表示在他的管理下，自己能够放心，并且阿贝格在艰难的环境中付出了诸多努力。由于银行业务本身的特性，成本增加时只能通过开源来提升收益。在 1972 年，放贷规模扩大了 38%，几乎达到了极限。巴菲特对阿贝格的能力表示认可与赞扬，在如此具有挑战性的行业中，他依然能够实现盈利，展现出卓越的经营才能，也从侧面体现出巴菲特善于用人以及对不同业务精准判断和合理应对的智慧，为伯克希尔·哈撒韦的整体发展奠定了坚实基础。

应对"黑天鹅"，芒格出现

解读巴菲特给股东的第 9 封信（1973 年）

巴菲特与芒格在 1966 年相识，并逐渐走近。1973 年，在巴菲特致股东的信中，芒格的名字首次出现。

一、股灾冲击，最大"黑天鹅"出现

从 1973 年开始，美股进入漫长的大熊市。1972 年 11 月，道琼斯工业指数[1]首次突破 1000 点。不管是企业，还是投资人，都很高兴，觉得大时代到了，但没想到之后是不断地下跌。两年的时间，美国股市腰斩，很多投资人损失惨重，甚至有不少人血本无归。当大家再一次看到 1000 点的时候，已经是 1982 年了。

在这波股灾中，巴菲特好友芒格的损失可以说非常之惨。1973 年，

---

1 道琼斯工业指数（Dow Jones Industrial Average，简称 DJIA），由查尔斯·道于 1896 年首次推出，是美国最重要的股市指数之一，反映了美国股市中 30 家大型上市公司的股票表现。这些公司通常是各自行业中的领军企业，涵盖技术、金融、消费品和工业等行业。——编者注

他的基金下跌了 31.9%。当时他以为挺一挺，这个周期应该很快就能过去，结果 1974 年又跌了 31.5%。两年的时间，芒格的基金合计跌了超过 50%。面对如此重创，芒格痛定思痛，决定关闭基金，并坦然承认自己当时的困境与狼狈。此番经历，也让芒格得出了那句掷地有声的名言：如果你不能承受 50% 的市场下跌，你就不要去买股票，一股都不要买。芒格还说：他相信每一个投资人一生都会经历两到三次腰斩。

相比芒格，股灾对巴菲特的冲击稍微小一点。那时候他的主要精力还是放在实业上，只是偶尔用保险浮存金和主营业务的收益，做些资产配置。虽然大环境不好，也拉低了伯克希尔的净资产回报率，但企业的整体业绩还算不错。

拖后腿很久的纺织业务难得有了赚大钱的机会，石油危机导致纤维原料严重短缺，纺织品价格坐着火箭一飞冲天。可还没等巴菲特高兴完，为了抵制通胀，时任美国总统理查德·尼克松建立了一个生活费用委员会，对纺织产品的价格进行管控。周期的红利还没咋享受，说没就没了。

保险业务虽然和巴菲特在 1972 年预测的一样，竞争越来越激烈，保费的规模也在不断下降，但两个主要的保险业务，林沃特领导的财险业务，乔治领导的再保险业务，承保的利润都非常可观。

最大的"黑天鹅"[1]**是 1971 年伯克希尔收购的一家居家·汽车保**

1　"黑天鹅"是一个由投资者、作家纳西姆·尼古拉斯·塔勒布提出的概念，用于描述那些极不可能发生但一旦发生会产生巨大影响的事件。这一术语源于历史上人们认为所有天鹅都是白色的，直到发现了黑天鹅，颠覆了普遍观念。——编者注

险公司。 1973 年，美国股灾。巴菲特利用保险的浮存金大幅买入了股票，巴菲特说，没想到"捡烟头"的机会又来了，结果到了年底，巴菲特亏得裤衩都没了，账上一共形成了 1200 万美元的浮亏。本来想着又是通胀，又是石油危机，开车的人肯定会越来越少，事故也越来越少，利润应该上升，但没想到通胀使得医疗和维修费用急速上涨，保费金额根本不够赔付。

巴菲特在信里说，这是他第一次真正领教了通胀的威力。

二、零售行业的艰辛

巴菲特与芒格的相识可追溯至 1966 年，当时，他们与戴维·格特斯曼携手创立了一家公司。在这个合作框架中，巴菲特以其对实业的深刻理解和企业家精神，占据了 80% 的股份，而芒格与格特斯曼则各持 10%。他们的目标明确：专注于收购那些在股市动荡中摇摇欲坠的消费品公司。

公司首次出手便瞄准了一家百货公司，以 1200 万美元的价格将其收入囊中。芒格亲自担任了这家公司的董事。值得注意的是，这笔收购资金并非全部来自他们三人的自有资金，而是巧妙地结合了 600 万美元的自筹款和 600 万美元的银行贷款。

然而，好景不长，收购仅半年后，巴菲特与芒格便敏锐地觉察到百货行业的激烈竞争与不稳定性。这家百货公司周边竟有三家同类店铺，内卷现象严重。面对这一不利局面，他们果断决定止损，以 1100 万美元的价格将百货公司转手。

这次经历让巴菲特深刻体会到了零售行业的艰辛，他在随后的股东信中多次重申："零售真的是个烂生意。"这句话后来成为他的名言，也被芒格引用，成为两人投资智慧中的一部分。

在芒格晚年的一次投资中，他选择了阿里巴巴，遗憾的是，这次投资并未如他所愿，造成了不小的亏损。芒格事后坦承："我疏忽了，它归根结底还是个零售公司。"这句话，真实地反映了他当时的反思。

时间回溯到1973年，他们共同创立的那家零售公司，曾收购一家女装店。虽然女装店本身价值有限，但它持有的16%股份却指向了一家印花公司。在深入考察女装店后，他们意外地发现了这家印花公司的潜力。凭借对行业的深刻理解，他们决定进一步投资这家位于女装店上游的印花企业。

巴菲特和芒格一致认为，这家印花公司的价值远超女装店。考虑到伯克希尔原本就涉足纺织业，巴菲特提议将零售公司并入伯克希尔，通过股份交换的方式实现整合。这一提议，标志着伯克希尔与芒格合作的重要进展。他们最终用伯克希尔·哈撒韦的股票换取了零售公司的股份。

由于巴菲特在零售公司中持有80%的股份，因此在换股后，芒格在伯克希尔的股份比例相对较低。这次换股，不仅体现了芒格的随和与易于合作，也为巴菲特和芒格之间的长期合作奠定了坚实的基础。

三、收购喜诗糖果

印花公司的主营业务是向服装公司提供印花服务。巴菲特初步评估后认为，该公司本身的价值并不高，但其账面上拥有大量现金。这一发现引起了他和芒格的进一步探究。他们深入分析后惊讶地发现，印花公司最宝贵的资产并非其印花业务，而是它所持有的喜诗糖果[1]的股份。

于是，巴菲特和芒格着手收购喜诗糖果。但收购并不顺利，查尔斯·西（喜诗糖果创始人的儿子，当时的公司所有者）一开始就报价3000万美元——15倍市盈率的天价。听到这个狮子大开口的价格后，巴菲特简直要气炸了，转身就要走。然而，芒格保持了冷静。他追出谈判室，劝诫巴菲特要理智对待。巴菲特在此时说出了一句至关重要的话："芒格教会了我，要用优秀的价格购买优秀的公司，而不是用捡便宜的价格去买优秀的公司。"在芒格的劝说下，两人决定继续谈判。

他们返回谈判桌，一人扮演白脸，一人扮演黑脸，最终以2500万美元的价格，成功收购了喜诗糖果。这次收购在随后的几十年里为伯克希尔带来了超过20亿美元的现金贡献，充分证明了巴菲特和芒

---

1 喜诗糖果是美国一家知名的糖果和巧克力食品公司，创立于1921年，以其高品质的糖果而闻名。1972年，巴菲特通过伯克希尔·哈撒韦控股的蓝筹印花公司收购了喜诗糖果。从那时开始，喜诗糖果就开创了令人艳羡的收益纪录。——编者注

格的投资眼光和决策智慧。

巴菲特曾坦言："没有喜诗糖果，我就不会深刻理解品牌和定价权的重要性，也无法在投资领域取得今天的成就。1988 年投资可口可乐的决策，正是基于喜诗糖果给我带来的宝贵经验。"在 2023 年的股东信中，巴菲特更是明确指出，伯克希尔的投资历史中，只有 12 个真正改变了公司的投资案例，而喜诗糖果就位列其中，紧随国民保险公司之后。

1973 年，芒格的资产正式并入巴菲特的伯克希尔·哈撒韦。但值得注意的是，芒格并非在那一年就立刻担任了伯克希尔·哈撒韦的副董事长，而是 5 年之后才获得了这一职位。不过，从那一年起，他们的合作更加紧密，正式合并为一体。在此之前，他们虽然只是好朋友，但已经共同进行了一些收购活动。

芒格的投资生涯也并非一帆风顺，实际上，他曾经历过相当多的挫折。同样，巴菲特也并非一开始就取得了巨大的成功，他也是通过不断的努力和实践，才逐渐在投资领域崭露头角。值得一提的是，巴菲特所投资的公司，都是他深入了解并熟悉其运营模式的。这得益于他早年的实业经验，使他能够更准确地把握企业的运营本质和价值。

股票盈亏，只是账面数字波动而已

解读巴菲特给股东的第 10 封信（1974 年）

1974 年，美国的通胀愈演愈烈，通胀率已达到了 11%。这一年，尼克松总统因"水门事件"下台，他曾经的副手杰拉尔德·福特上任。福特上任后，提出了"立即制止通胀"（Whip Inflation Now，简称 WIN）计划，还专门让著名的词作者威尔逊写了一首叫《谁需要通货膨胀？不是这个国家》的歌。为展现自己对抗通胀的决心，他总是穿着带有 WIN 标志的衣服出席各种活动。

一、悔悟没有早点理解通货膨胀

虽然当时整个美国都在抵制通胀，但这不是十天半个月就能解决的小问题。伯克希尔的发展，还是受到了影响，业绩一落千丈，净资产回报率回落到 10.03%，是自 1970 年以来最差的一年。以至于巴菲特在这一封给股东的信里，一开头就抱怨，要是早早醒悟，早早理解通货膨胀，伯克希尔何至于亏到今天这个地步？

就算是之前一直被看作"定海神针"的保险业务，也亏得很惨。

国民保险公司出现了4%的承保亏损，一直很稳健的再保险业务则亏损更严重，达到了12%。巴菲特在信里面用各种细节描述了通货膨胀给保险业务带来的伤害。芝加哥的汽车保险公司，光在佛罗里达州就亏损了200万美元。因为保险的成本包括维修、医疗费用、工资补偿，每个月都上涨1%。但是，1974年整个汽车保险行业的保费只上涨了2%。

二、确定保险浮存金的投资方向

为了及时止损，巴菲特又采用了他自己最擅长的手段——砍！他认为，保险之所以亏损这么多，主要原因是管理层不了解当地承保和定价的信息，把保费定价定得太低，才导致通胀后保费根本不够赔付。既然对做事不利，那就砍掉。

虽然这两年保险行业血亏，巴菲特也砍掉了很多部门，但是他并不打算放弃保险业务。相反，他还反复强调必须强化财务实力，强调流动性，一直等到保险业务的定价进入良性循环的时候，再发起进攻。他还是觉得，保险这个行业是好的，值得继续坚持。

虽然承保亏损，但是保费一般都是滞后支付，保险的浮存金还有很多。巴菲特趁此机会，开始研究怎么用保险浮存金加大投资，来改善伯克希尔的经营状况。

他确定了几个投资方向：

第一，短期债券。主要买一些国债和商业票据，这类投资能在短时间内有比较稳健的回报，并且流动性强。

第二，长期债券。虽然流动性差了一点，但收益更稳定。

第三，股票。从 1972 年股票进入熊市以来，巴菲特每年都在抄底买进，但每年都在亏损，这几年他总共亏了 1700 万美元。

很多投资者在股票熊市的时候，会因为恐慌选择抛售。而巴菲特认为股票的盈亏只是账面数字波动而已。投资过程中股票的短期波动是常有的事，不用过多焦虑，当你觉得这家公司是好公司的时候，股票下跌只是给你提供了更大的安全边际。

所以，在股票上已经亏了 1700 万美元的情况下，在 1974 年，巴菲特依然选择继续抄底，用 8000 万美元买下了著名的《华盛顿邮报》。后来，《华盛顿邮报》连跌了 4 年才回暖，最终为伯克希尔赚了近 10 亿美元，这项投资也被认为是巴菲特最成功的投资之一。

用巴菲特的话说，测试你是不是一个真正的投资人，方法很简单，就是你在股票大跌的时候敢继续买，越跌越买，只要你不用杠杆就行。

好企业，长期持有不放手

解读巴菲特给股东的第 11 封信（1975 年）

1975 年，是巴菲特掌管伯克希尔·哈撒韦的第 10 年。这 10 年，巴菲特带领伯克希尔收购了 6 家公司，新成立了 4 家公司，还收购了蓝筹印花 31.5% 的股份，打了一场漂亮的 V 形反转，通过收购、投资一顿操作，让伯克希尔的每股净资产从 19.46 美元涨到了 94.92 美元，年化增长率达到 15%。巴菲特称若给自己这 10 年表现打分，他认为是及格。

一、通胀困境中的挣扎与应对

但单看 1975 年，情况就有些糟糕。受到大通胀的影响，公司的业绩节节败退，是巴菲特接手伯克希尔以来最差的一年，净资产回报率只有 7.6%。如果不算当时的税收返还，他的净利润就是负数。

纺织、银行这些本来就不怎么挣钱的业务就不用说了，就连之前比较赚钱的保险业务，尤其是汽车保险和长尾保险这两个细分领域，所受影响颇为严重。即使巴菲特多次提高保费，但仍然无法覆盖不断上涨的成本。因通货膨胀极为严重，维修成本与财务成本均在上升，导致保险公司理赔责任范围远超其界定，诉讼案件日益增多。美国还兴起了一种延续至今且影响重大的风气，即出现了众多专门从事维权的律师，伯克希尔深受其影响，因为它的主要业务集中于汽车保险和长尾保险。这两块业务虽仍能产生大量浮存金，但只能着眼于投资收益，毕竟其他保费业务的状况实在糟糕。国民保险公司的传统保险业务占了伯克希尔·哈撒韦收入的一半以上。

巴菲特在1975年处于有些自我怀疑的状态时说了一句，实在不清楚保险公司的"护城河"到底是什么。巴菲特有个优点，就是能做到自洽，挣钱的业务就让其盈利，亏损的业务便考虑关闭。所以他不停地关掉保险公司的一些分支机构，甚至连保险业务公司的创始人维克多都出局了，同时也更换了管理层。虽然一定程度上缓解了亏损的压力，但公司的前景依然不容乐观。

二、只买入，不卖出

不过巴菲特在信中也提到，转机马上就来了。他认为保险行业已经亏成这样了，该跑路的早跑路了，该倒闭的也都倒闭了。活下来的企业将在1976年独占鳌头，保费价格肯定大涨，利润也会大有改观。现在要做的，就是要把综合赔付率控制在100%以下，实现承保盈利。

当然，未来好是未来的事，现在的问题还得解决。巴菲特想来想去，还得用保险浮存金再做一些投资。虽然股灾过后，所有的股票投资者都变得非常敏感，股票上的一点风吹草动都会弄得人心惶惶。虽然 1975 年，巴菲特股票的账面仍然有 1700 万美元亏损，但股神就是股神！这时候，**巴菲特已经树立了这样一种投资观念：只要是对的企业，只买不卖。**买了就坚定地长期持有，而不是天天关注它到底是怎么波动的。

这就是巴菲特和其他投资人完全不一样的地方，在大多数人眼里，股票市场是交易市场，通过低买高卖来赚差价。而**巴菲特把股票市场当作一个超市，一个只能买入不能卖出的地方。**只要是好公司，巴菲特的目标就是长期持有它们，绝对不动摇。如此一来，他便与其他投资人截然不同，他成为一个净买入者、净储蓄者。身处这个超市中，唯一吸引他的事情便是这些商品何时会打折。

在信中，巴菲特还特意提到了《华盛顿邮报》。虽然买进后就一直亏损，但巴菲特还是打算长期持有。因为他相信《华盛顿邮报》的股票，在未来肯定能赚到大钱。后来，事实证明巴菲特的选择是对的，到了 1976 年，《华盛顿邮报》股票一路高涨，让巴菲特大赚了一笔。这只巴菲特持有时间最长的股票，最终也成了他投资生涯中收益率最高的投资之一。

巴菲特并不是一个屡战屡胜的人，尤其是在牛市的时候。之前新闻上还报道过，在 2008 年到 2023 年这段时间，巴菲特甚至都没有跑赢"标普 500"[1]。但其实如果把时间节点再拉长一些，会发现巴菲特

---

1 标普 500（S&P 500）是一个重要的美国股市指数，由标准普尔公司编制。它包含了 500 家大型上市公司的股票，代表了美国股票市场的整体表现。——编者注

的投资稳定得吓人，能够让巴菲特"只买不卖"的股票，只要给它们足够长的时间，往往能够带来丰厚的回报。

自 1965 年开始，巴菲特历经重重挑战，在面临巨额亏损的时刻，实现了蜕变。在 1975 年，巴菲特的投资理念开始有了质的飞跃。在他亏损最为严重之时，开始初步具备了投资大师的风范，也为他后续成为举世闻名的投资大师奠定了坚实的基础，其独特的视角和坚定的信念令人钦佩不已。

"一个思想"和"四个标准"

解读巴菲特给股东的第 12 封信（1976 年）

1976 年，美国股市开始出现反转，巴菲特利用之前的持仓赚了不少钱。保险业务也如他去年预期的那样，熬过了漫长的艰难期，开始盈利。这一年，公司整体取得了非常不错的成绩，净资产回报率只比 1972 年的最高纪录 19.8% 略低一点，达到了 17.3%。

但就像巴菲特自己说的，他是一个"别人恐惧时我贪婪，别人贪婪时我恐惧"的人，所以在这一年给股东的信里，巴菲特没有忘给看似形势大好的保险业务，泼上一盆冷水。1975 年已经糟透了，淘汰了很多人。虽然 1976 年赚了不少钱，但是很多人对保险的信心还没建立起来，仍然不敢进场，所以 1977 年保险业务还会继续往上走。但是当进场的人越来越多后，保险将进入下一个衰退周期。

和保险行业打了这么多年交道，巴菲特也意识到，**想要通过这么一个周期性行业，把公司做大做强是不可能了。**保险产生的这点利润，和股票投资收益相比，简直是"小巫见大巫"，未来真正能赚大钱的还得是股票。从这个时候开始，伯克希尔真正意义上从实体企业走向了投资公司。也是从这一年开始，巴菲特对自己的定位，逐渐从一个实业家走向投资者。在给股东的信中，他也开始更多地提到他的一些投资理念。

一、"一个思想"和"四个标准"

在 1976 年的这封信里，巴菲特把自己的投资原则总结为"一个思想"和"四个标准"。"一个思想"就是：**股票投资一定要有长期思维。**巴菲特说，当你决定投资一家公司时，你的决策应该基于你对这家公司本身的评估，而不是基于市场价格的波动。如果你只是想通过频繁的交易在短期内能获得巨大收益，那你最终可能一无所获。因为你的评估标准和二级市场上的评估标准，其实是一模一样的。

关于"一个思想"这个投资原则，巴菲特在佛罗里达州的一次重要演讲中说，当你要买通用汽车股票的时候，你要想的不是它多少美元一股，你应该想的是，这家公司值得我花多少钱把它买下来，并通过长期持有，在未来能获得多大的收益。这个投资思想在伯克希尔·哈撒韦一直沿用至今。

"四个标准"指的是：第一，宏观上，必须有长期向好的经济特征；第二，要有一个能力强且诚实的管理团队；第三，价格必须有非常大的吸引力，但在实际中很难找到能得到所有投资人都认可的收买价格，有时候只能等待天灾或人祸；第四，只投资熟悉的行业，这也是巴菲特提出的"能力圈"概念。

其实如果把这"四个标准"拆开，不难发现，第一条和第二条其实已经是约定俗成的共通标准，第四条也是巴菲特早期形成的投资理念，只有第三条是巴菲特早期"捡烟头"投资理论和后期"价值投资"理念相融合的产物。用大白话说，巴菲特认为，**最好的投资时机，就是投资对象濒临破产的时候。**

二、等待最好的时机

从客观上来说，能达到"一个思想"和"四个标准"的公司就像三条腿的蛤蟆——实在是太少了。所以很多时候，巴菲特都要碰运气，等待时机。

大家还记得吗？在巴菲特的求学阶段，GEICO 是他老师最为喜爱的保险公司。在 1976 年，巴菲特正式开始买入这家公司的股票，后来更是成为它的所有者。这也是巴菲特在 1976 年的一个标志性的事件。

1976 年，巴菲特买入 GEICO 的时候，这家公司已经处于破产边缘，主要原因是保险行业因通胀导致保费价格不足以覆盖成本，GEICO 也深受其扰，承保亏损巨大，净资产所剩无几。这时，巴菲特出现了。他对保险业务极为了解，称这是他的"商业初恋"，早就对其有所关注，终于等到它快破产之时。事实就是如此，巴菲特经过分析认为，要想救活这家公司，有两个关键因素：

第一点，公司必须有一位优秀的 CEO。他的保险公司能够挺过来是因为他深知保险业务，并且他旗下保险公司的 CEO 都很厉害，可GEICO 公司当时的 CEO 不行，所以得先更换 CEO。第二点，要给公司注入一笔资金，因为公司已经资不抵债了。于是，巴菲特为其找了一位名叫杰克的 CEO。

杰克，曾是美国运通[1]的一名员工。在和巴菲特聊天时，杰克经常提到自己前东家有多么牛。巴菲特当时就想，它再牛，和我有啥关系，我又买不起。后来，在运通深陷色拉油丑闻之时，股票一落千丈，巴菲特又抓住了这个大好时机，出手收购了美国运通公司。

其实，巴菲特做了很多类似的投资。2000 年的时候，在伯克希尔的年会上，有人问巴菲特，到底是多少倍 PE[2]的企业你才会出手？这时候巴菲特笑了笑说，哪有 PE 这种说法呀？芒格补充说，你们可能没听懂他的意思，其实最好的机会不是看多少倍 PE，而是当这家公司因某些外部因素陷入困境时，我们了解这个行业，知道这家公司是优秀的公司，这时候就会出手把它给买下来。

1　美国运通是一家成立于 1850 年的全球性金融服务公司，总部位于美国纽约。作为全球支付行业的市场领导者，美国运通以"每天提供全球最好的客户体验"为企业愿景，并将"信任""安全"和"服务"作为其品牌精神。美国运通提供签账卡及信用卡、旅行支票、旅游、财务策划、投资产品、保险及国际银行服务等，服务网络遍及全球 100 多个国家和地区。——编者注

2　PE 通常指市盈率（Price-to-Earnings Ratio）。市盈率是用来衡量公司股价相对其盈利高低的一个常用财务指标。它是由公司当前股价除以其每股收益（Earnings Per Share，简称 EPS）得出的，通常用于评估公司的投资价值。——编者注

做好那些低门槛的"烂生意"

解读巴菲特给股东的第 13 封信（1977 年）

1977 年，伯克希尔的营业净利润达到了 2190 万美元，每股约为 22.54 美元，每股盈余 1.43 美元，创了历史新高。不过这一数值不包含股票和债券的账面浮盈。尽管 1977 年的净资产增长了 24%，但由于每股盈利增长了 37%，净资产的回报率（ROE）实际上比 1976 年高了很多。

一、保险收益的拆分

从伯克希尔开始由实业公司转变为投资公司开始，巴菲特在股东信中，开始越来越多地提到和投资相关的事情。在 1977 年这封信里，为了让股东们更重视、更了解投资盈利的情况，巴菲特把投资收益与最重要的业务——保险的收益并列，并把它拆分成三类：

第一类，基本的投资收益。 主要来自股票的分红或者债券的利息，与承保利润一起列入保险业务的利润。1976 年伯克希尔税前投资的净收入是 800 多万美元，1977 年就涨到了 1000 多万美元。

第二类，已实现资本收益。就是把债券或者股票卖掉之后得到的收益，1977 年伯克希尔已实现资本收益是 600 多万美元。

第三类，未实现资本收益。指由于资产（如股票或债券）的市场价值上升而产生的账面收益。简而言之，它是纸面上的增值，而非实际现金流的增加，因为持有的时间很长，一直在变动，就和自己的生意没啥区别。

巴菲特一直说，股票市场的价格波动，对很多人来说是风险，但对于真正的投资人来说是机会。但即便是巴菲特，也不能保证次次投资都能成功，所以他提出一个名为试错的重要的投资理念。说白了，就是先买入少量的一些股票，观察，和这家公司产生关系，如果觉得值得继续投资，就继续买入，直到伯克希尔占比达到 50%。

试错，总会有错的时候，错了就要付出成本。支撑巴菲特一直试错的，其实是保险行业的稳定收益。虽然保险本身其实是一个低门槛的"烂生意"，没什么壁垒，什么人都能干，产品同质化太强，竞争激烈，但是保险能够带来浮存金啊，得靠它来提供投资的底气。

二、好生意的制胜法宝

其实每个企业都有类似的低门槛的"烂生意"，巴菲特总结，要干好这类生意，要掌握两条制胜法宝。

第一，要有极强的纪律性。

逆周期的时候就一定要干逆周期的事，顺周期的时候就一定要干顺周期的事。钢铁大王卡内基曾在一次演讲时说，想要在生意场上取得成功，你要做的第一件事是找到一个顺风的行业。

1972 年以前，国民保险公司由林沃特领导，那时候保险业务可以说亏得一塌糊涂。后来林沃特退休之后，由菲尔·卡雷领导，保费的收入和承保利润都大幅地上升。到底是什么原因呢？是林沃特的能力不够吗？众所周知，他是被巴菲特评价为能力最强的保险负责人之一。是他不够努力吗？林沃特是个工作狂，几乎将自己的全部心思都花在了保险上。

其实，归根结底是因为，1972 年以前保险行业处在一个逆周期里。菲尔接手后，恰好保险又进入了顺周期。所以，对付低门槛的"烂生意"，首先要顺应它的周期性。

第二，要有一个优秀的管理者。

巴菲特说，如果一个行业本身不好，想把它干好是非常困难的。如果有一个好的管理者，可以大大提高胜算，但是优秀的管理者凤毛麟角，可遇不可求。想成为能挖掘千里马的伯乐，除了要有过人的眼力，还要有一套自己的选人标准。

1977 年，巴菲特花了 1000 多万美元，购买大都会广播公司的股票。购买的原因除了公司本身不错，最主要是因为这家公司的董事长托马斯·墨菲。

多年前，巴菲特和墨菲一见如故。虽然，两人很多年都没有生意上的往来，但巴菲特对墨菲的评价非常高。他曾说，墨菲是自己遇到的最好的企业管理人之一，他除了是一名优秀的管理者，也是一个非常值得托付的人，如果可以，自己情愿把女儿嫁给他！

因为对墨菲的高度认可，在 1985 年大都会收购美国广播公司时，缺少 5 亿美元。巴菲特二话没说，就直接买下了美国广播公司剩余股票，并把投票权全部交给了墨菲。后来，大都会也为巴菲特带来非常可观的收益。

不要急于求成，慢慢变富

解读巴菲特给股东的第 14 封信（1978 年）

1978 年，伯克希尔和多元零售公司合并了，这是它发展历程中的一个重要转折点——从一个小型企业扩展为一个多元化的大型集团，包含了纺织、保险、糖果、报纸、印花交易等多个行业。巴菲特形容，现在的伯克希尔就像一个"大杂烩"，什么都有！

一、实体业务放权给经理人

这一年，伯克希尔取得了不错的成绩，净资产回报率达到 19.4%。不过，纺织业依旧低迷得不行，1700 万美元的净资产却只有 130 万美元的盈利。巴菲特在给股东的信里说，纺织业真是教科书一般的烂生意，不单销量、毛利资产、周转率低，还有大量的设备、应收款和库存的积压。但在这样一个烂行业里，还是有无数的人争得头破血流。保险业务倒是还不错，尤其是最早收购的国民保险公司的传统业务，一直保持着稳定的营收。

这时的巴菲特，对于投资和实体经营已经有了这样的一个思路：

自己会花更多的精力在投资上，至于实体业务就找优秀的经理人，让他们来经营和管理。

二、只做能力圈以内的投资

在给股东的信里，巴菲特再次提到了自己投资的四条原则。但这一次，他把**"只做能力圈以内的投资"放到了第一位**。看似简单的调整，实际上意义特别大。因为绝大多数的投资用第一条就直接否定掉了。

很多投资人觉得做投资特别累，但是在巴菲特眼里，**他认为做投资没有那么累，因为 95% 的事儿他都不懂，不懂还投啥呀？只要把精力放在自己懂的那 5% 的事上就行了。他认为，对于普通的投资人来说，最难的是要先知道自己的能力圈范围。只有对这个行业或企业充分了解和熟悉后，你才能明白到底投不投、怎么投。**

但遗憾的是，太多人没有足够的耐心。他们很少会花大量的时间对企业的价值或行业的发展进行长时间的跟踪、分析，他们所谓的投资不过是在碰运气罢了。

曾经，亚马逊总裁杰夫·贝佐斯问巴菲特，你的价值投资策略看着很简单啊，为什么没有人能直接复制你的做法呢？巴菲特回复说：**"因为没有人愿意慢慢变富啊！"**

瑞克·格伦，曾和芒格一样是巴菲特的合伙人之一，也是投资大师级别的人物。他曾经在 18 年间创造了 222 倍的收益（年化收益率为 32.9%），而同期标普 500 指数的复合收益率也只有 31.6%。瑞克这么牛，怎么后来就忽然销声匿迹了呢？说到底，还是他太激进，太想赚快钱了。在 1974 年股票大跌的时候，芒格选择关停自己的私募基金。但瑞克为了能继续抄底，使用了杠杆，结果爆仓了。最后，他不得不把 10 万股的蓝筹印花公司股票以 5 美元一股的价格卖给了巴菲特。如果他当时没有卖出，哪怕像芒格一样，换股到伯克希尔，现在这些股票也能值近 30 亿美元了。

回顾这段历史时，巴菲特说：**"芒格和我都知道我们会变得非常富有，所以我们都不着急，因为我们知道它早晚会发生。瑞克跟我们一样聪明，但是他太着急变富了。"**

因为知道要"慢慢变富"，巴菲特在做任何决策之前，都会花费很长的时间去了解和熟悉，有时几年，有时甚至几十年。在 1978 年，巴菲特在二级市场上购买了一家保险公司，购买价格特别便宜，甚至连它的账面净资产价值都不到。这个机会，巴菲特整整等了 10 年。

耐心是一个投资人必备的素质，提早入局看似抓住了风口，但也容易把自己拉到风险最高的地方。多等等，给自己更多的容错空间，不是一件坏事。

经营公司，既要众谋又要独断

解读巴菲特给股东的第 15 封信（1979 年）

1979 年，伯克希尔在纳斯达克成功上市。这意味着伯克希尔的股票正式进入资本市场交易，它的名气会越来越大。这一年，公司的实体业务取得了令人满意的成绩，除去证券投资收益，净资产回报率达到了 18.6%。

一、除去"痛苦指数"才是真实收益

这封信里，巴菲特就如何估算企业价值进行了详细的分析。他认为，从短期来看，可以用盈利现金流量来估算，就是把未来盈利的现金流折现到现在。但随着公司越做越大，自营业务利润越来越多，这种估算方法往往会产生一些偏差。从长期来看，能真实反映企业价值的应该是股价。

在信中，巴菲特举了一个例子：如果喜诗糖果年初的净资产是 1000 万美元，当年留存的利润是 200 万美元，到了年底，喜诗糖果价值能不能算成 1200 万美元呢？他认为长期来看是可以的。因为喜诗糖果的业绩非常稳定，长期来看，每年平均增长完全可以达到20%。按照这种方法，他分析从1964年到1979年，伯克希尔每股的年复增长率达到了20.5%。

但事实上，股东真的能拿到20.5%的增长收益吗？其实，是拿不到的，因为这个收益没有考虑通胀率和税率。人们把失业率和通胀率相加的和称为"痛苦指数"。只有除去"痛苦指数"的收益，才是股东最后的真实收益。

通胀愈演愈烈，为了减小"痛苦指数"，巴菲特暂时放弃了股票市场，选择了风险小、流通性强的短期债券作为主要投资。在他看来，任何时候都要把安全保底放在第一位。

二、经营公司的"三个关键"

股票不敢买，债券收益低，公司又刚刚上市，巴菲特想，现在的关键是要调整经营策略，先把企业经营好。所以在信的最后，他提出了经营上市公司的"三个关键"：

第一，如何筛选适合公司发展的股东？

巴菲特引用了投资专家菲利普·费雪[1]的一个比喻。费雪曾比喻一家公司吸引股东的方式，就好比餐厅招揽客户。快餐，主要靠流

---

1 菲利普·费雪是美国著名的投资专家，被誉为"成长股投资之父"。他在投资界的影响力深远，是成长型投资策略的先驱之一。他的投资理念是通过深入研究公司的基本面，寻找那些具有长期增长潜力的优质公司。这一方法后来被很多投资者，尤其是受到沃伦·巴菲特的借鉴和推崇。——编者注

水，人流量大，但回头客少；中等餐饮，主要靠品质和价格，留住一部分回头客；高端餐饮，主要吸引有钱人来尝鲜，但不一定有很多回头客。想要吸引更多的回头客，餐饮企业要做的，就是不停地变换菜单，推出特色菜。

一家上市公司的股东也是靠企业自己慢慢筛选出来的。如果这家企业的管理层是短期思维，只关注股票的短期涨跌，吸引来的股东就是一群短视的投机客。巴菲特希望伯克希尔的股票最好不要有太多的交易量，股东就是这拨人，一直保持不变，并且对于这些股东来说，他们只持有伯克希尔这一只股票，或者说伯克希尔是他们最大的持仓。

很多人不理解伯克希尔推出的 B 股为什么那么贵。其实，这也是巴菲特筛选股东的一种方式。

第二，如何做好股东汇报？

巴菲特给股东写了这么多年的信，对于怎么做好股东汇报，他也有自己的理解：

首先，CEO 必须亲自汇报，而不是通过投资人关系部门来完成。他认为这种直接沟通的方式有助于建立与投资者之间的信任和互动。

其次，汇报的内容要全面，要包含公司的运营情况、估值和对未来前景的规划。

最后，掌握好报告的颗粒度。报告到底写多么精细，主要看 CEO 本人对下属公司的要求。值得注意的是，一定要注意信息安全和保密性。

第三，如何进行决策和管理？

巴菲特认为，伯克希尔的经营原则是：资本决策要高度集中化，运营管理要高度分散化。意思就是，在决策上，他和芒格两个人定就行了。在运营管理上，充分信任有能力的经理人。

巴菲特的这种经营原则和海尔集团非常像。一次，有人问海尔的创始人张瑞敏，经营企业需要有什么样的思维。他说了四个字：众谋独断。

"众谋独断"不等于"独断专行"，虽然很多决策由巴菲特和芒格拍板，但他非常信任自己的经理人，所以他通常会把决策权授权给这些经理人。令他感到欣慰的是，这些经理人最后给予的回报远远超过了他的信任。

企业的价值评估与通胀挑战

解读巴菲特给股东的第 16 封信（1980 年）

巴菲特在这一年的信中，主要聚焦于会计问题，并详细阐述了他如何利用保险资金进行债券投资。

一、不懂会计的人，是无法理解商业的

1980 年，伯克希尔的投资策略展现了一个引人注目的转变。非控股投资的股票所产生的留存利润，超越了传统自营业务——保险业务以及纺织、报纸等其他领域的收益总和。这标志着巴菲特首次利用美国股市的牛市机遇，通过股票投资获取的利润，首次超越了自身的运营所得，总利润达到了 4190 万美元，净资产回报率达到了 17.8%。虽说较上年有所下降，但也远超美国的平均水平。

从会计数据上来看，这个成绩已经非常不错了。但巴菲特认为，这个数据并不能真实地反映伯克希尔的盈利情况。为了让股东们更清晰地了解公司的真实盈利，在信的开头巴菲特先给股东们上了一节"会计课"。

巴菲特是一个顶级的财务专家，对会计学有着自己非常独特的见解。首先，巴菲特剖析了会计领域的难点。首先，会计有着海量的数字，这些数字因人为编制而难以避免地带有误差与不确定性。其次，为了满足会计准则的严格框架，会计数据往往需做出妥协，从而与商业的真实本质产生一定的偏离。

巴菲特说，**会计是理解商业世界的起点，而非终点。**会计是商业和投资的语言，但是不能说是一门好语言，因为你不懂会计，你就理解不了商业，但你只懂会计，你也理解不了商业。他进而阐述了学习会计的重要性。会计，作为一把锋利的解剖刀，能够穿透纷繁复杂的财务报表，揭示管理层的行为轨迹与经营策略。管理层有时会利用会计的灵活性进行数字游戏，美化业绩。而掌握会计知识，便是投资者手中抵御欺诈、检验管理层诚信与能力的有力武器。巴菲特特别喜欢从年报里认识那些对自己的报表不停进行澄清、解释、调整的管理层。相反，对于那些在会计上弄虚作假、企图蒙混过关的企业，巴菲特则毫不留情地将其列入投资黑名单。

二、首次提出了非控制权盈余的概念

巴菲特在这一年首次提出了非控制权盈余的概念，分别对持股超过 50%、20%—50%、低于 20% 这三种情况下，被持股公司的财务报表和真实收益之间的偏差进行分析。他明确指出，当伯克希尔对某家公司的投资超过 50% 时，该公司的财务报表将合并至伯克希尔的报表中；若投资比例在 20%—50% 之间，则会在伯克希尔的报表中以

"少数股权所得"的形式展现。然而,若投资比例低于20%,这种持股情况在伯克希尔的报表中几乎不留痕迹,使得外界难以直接看到这部分投资的真实回报。

巴菲特之所以费力讨论这一话题,是因为伯克希尔的保险公司所投资的股票,大多属于这种小比例股权投资范畴。这意味着,尽管伯克希尔可能在这些公司中拥有可观的财务利益,但这些公司的利润不会直接反映在伯克希尔的财务报表上。除非这些公司分红,否则伯克希尔从这些投资中获得的利润只能有限地体现在报表上。因此,巴菲特强调,伯克希尔的利润表并不能全面、真实地反映其整体的盈利能力。他告诉股东们,只有长期持有伯克希尔的股票,才能见证这些公司不断成长、持续分红的历程。否则,仅凭短期的报表观察,是难以全面理解伯克希尔的真实盈利能力的。

此外,巴菲特还巧妙地引入了市盈率的概念,提醒投资者在评估公司价值时要考虑股价与每股收益之间的关系。他指出,市盈率并非一个简单的数字游戏,而是基于对公司基本面、行业前景以及市场情绪等多方面因素的综合考量。

值得一提的是,虽然2018年后美国对资本收益的会计准则进行了修改,要求无论是否实现都要在利润表中反映,但在巴菲特提出这一理念时(1980年),这样的规定尚未出台。这也从侧面反映了巴菲特超前的投资理念和深刻的洞察力。

他拿盖可公司[1]给股东们举了一个例子：伯克希尔每年约从盖可获取 300 万美元的利益（会计报表上的现实数据），但每年实际可分配的盈余却达到 2000 万美元，有 1700 万美元没有计入会计报表，光盖可一家公司未分配的盈余就达到伯克希尔账面盈余的 40%。

说到盖可，巴菲特难掩得意之情，他提到，当初以"捡漏"的心态投资盖可，如今已成为其重要股东，并成功助力公司扭亏为盈。但他马上又开始提醒股东们，切勿盲目效仿这一行为。试图去扭转一个亏损企业的命运是一项极具风险且成功率极低的任务。如果万一没成功，你的名声就毁了。

三、市场逆境中的投资洞察与智慧

1980 年，当时的美国正处于加息通道中，市场环境对保险公司尤为不利。巴菲特提到，尽管他投资了大量的长期债券，但这一策略在当时的市场环境下却面临尴尬境地。随着利率的不断攀升，债券的市值不可避免地出现了缩水。这种市场变动对保险公司而言尤为棘手，

---

1 盖可公司是美国一家大型的汽车保险公司，现为伯克希尔·哈撒韦公司的全资子公司。盖可公司由利奥·古德温及其妻子莉莉安·古德温于 1936 年创立，总部位于马里兰州的切维切斯。沃伦·巴菲特对盖可公司的长期青睐，使其成为伯克希尔·哈撒韦的一部分。巴菲特不仅将 GEICO 视为一项卓越的投资，还认为它的商业模式和品牌价值符合伯克希尔的长期投资理念。盖可公司是伯克希尔的核心保险资产之一，通过其稳定的收入和盈利为伯克希尔·哈撒韦贡献了可观的现金流。——编者注

因为它们需要不断应对价格战的压力，以维持市场份额。巴菲特直言不讳地指出，保险行业在某种程度就陷入一个"烂生意"，因为价格战的存在使得利润空间被大幅压缩。

短期内，通过价格战可以迅速吸引客户，增加浮存金（即保险公司从保费中扣除赔付和运营成本后剩余的资金），但这可能牺牲长期利益，使公司陷入潜在的危机之中。反之，若坚持不打价格战，虽然能维护利润空间，但也可能导致客户流失，浮存金减少，进而影响公司的投资能力和整体运营。

巴菲特强调，在面对市场波动时，保持良好流动性的重要性，这是应对各种不确定性的关键。他总结道，在复杂的经济环境中，做出两全其美的选择往往难上加难，但我们可以做的是确保手头有足够的现金储备，维持高度的流动性，并谨记切勿轻易借贷。

1980 年，巴菲特发行了一笔 10 年期债券，利用这些资金进行了一系列极具性价比的投资。当时，通货膨胀率极高，但巴菲特总能找到机会，利用低成本的资金，捕捉那些被市场忽视的优质资产。

伯克希尔·哈撒韦的历史，实质上是一部波澜壮阔的收购史。巴菲特擅长长期跟踪并深入分析目标公司，最终在合适的时机，以巨额资金果断出手，将其纳入麾下。在阅读巴菲特致股东信的过程中，我时常能感受到他那种既理智又充满野心的独特气质。他深知在收购过程中，许多投资者因一时冲动而愿意支付高昂的溢价，对于这背后的原因，巴菲特有着深刻的见解。他总结道，这首先源于人类的天性，即"动物性"的驱使，让人们总渴望有所行动，即便这种行动可能并不明智。正如他所说，许多人即使亏损也乐此不疲，因为不行动反而让他们感到不自在。

巴菲特指出，盲目追求规模是导致高价收购的另一重要因素。在现代商业社会，收入规模、利润规模乃至世界 500 强的排名，都与企业规模紧密相连，这种对规模的执念让许多企业不惜一切代价进行扩张。他幽默地比喻说，许多人都像童话中的公主一样，认为自己的一个吻就能让蛤蟆变成王子，即相信自己拥有扭转乾坤、将亏损企业扭亏为盈的非凡能力。然而，巴菲特深知，这种盲目自信往往是危险的，因为它忽略了市场的复杂性和企业经营的艰巨性。

因此，巴菲特始终将长期的利润和稳定的现金流视为投资的核心，他从不轻易涉足那些充满不确定性的高风险投资。他的每一次出手，都是深思熟虑、精心策划的结果，展现了他作为一位伟大投资者的深邃智慧和稳健风格。

利率是价值的万有引力

解读巴菲特给股东的第 17 封信（1981 年）

1981 年，伯克希尔的经营收益约为 3970 万美元，尽管股本回报率从 17.8% 滑落至 15.2%，但巴菲特依然以他特有的冷静和睿智，向股东们阐述了公司的运营哲学和未来规划。巴菲特在信中提到，当年度的收益因新推出的慈善捐赠计划减少了 90 万美元，这一计划允许股东指定捐赠的慈善机构，体现了公司对社会责任的承担。然而，这并未影响巴菲特对伯克希尔长期价值的坚定信念。

一、天才经营者：辛格尔顿的传奇

在 1981 年的股东信中，巴菲特特别强调了亨利·辛格尔顿[1]这一人物的重要性。辛格尔顿不仅是一位数学天才，还曾是苹果公司的早

---

1 亨利·辛格尔顿是一位杰出的企业家和资本分配大师，以其在泰利达因公司的管理成就而闻名。他在 20 世纪 70 年代至 80 年代的资本市场上大放异彩，是投资领域备受尊崇的人物之一，甚至被沃伦·巴菲特视为"当代最优秀的管理者之一"。——编者注

期风险投资人，更是一位国际象棋大师。他的才华和能力，让巴菲特和芒格都对其赞不绝口。

巴菲特提到，辛格尔顿是美国普特南数学竞赛奖章的获得者，这一奖章的得主不乏诺贝尔物理学奖获得者。此外，他还是一个国际象棋大师，其积分甚至比特级大师还高100分。辛格尔顿在与特级大师下棋时，甚至能够蒙着眼睛下盲棋，这种超凡的智力和才能，让巴菲特对其青睐有加。

巴菲特认为，辛格尔顿是一个"超级天才"，他的能力远超一般商学院毕业的顶尖学生。他特别提到，辛格尔顿和另一位名叫墨菲的人，都有一种特殊的能力，那就是能够看出价格一般但公司质地优良、有改造潜力的机会。这种能力，是巴菲特所不具备的，因此他特别珍视与辛格尔顿的合作。

巴菲特在信中提到，因为有了辛格尔顿和墨菲，他才能够用"蛤蟆的价格获得王子的质量"。这句话形象地表达了巴菲特对这两位经营者的信任和赞赏。他认为，辛格尔顿和墨菲能够发现并改造那些看似平凡但实则潜力巨大的公司，从而为他带来超额的回报。

芒格在2017年也提到了辛格尔顿，称他为自己认识的最聪明的人。这种高度评价，进一步印证了辛格尔顿的非凡才能和巴菲特对他的看重。

二、巴菲特的投资哲学：三个收购条件与顶级能力

在1981年的股东信中，巴菲特还明确提出了他收购公司的三个

条件：优秀的管理层、生意长期向好的基本趋势以及具有吸引力的价格。这三个条件，构成了巴菲特投资哲学的核心。

巴菲特认为，一家公司的成功，很大程度上取决于其管理层的能力和智慧。因此，在收购公司时，他首先会考察公司的管理层是否优秀。其次，他会关注公司的生意是否具有长期向好的趋势。这意味着，他不仅要看公司当前的业绩，还要预测其未来的发展前景。最后，他会考虑价格因素，确保收购价格合理且具有吸引力。

然而，巴菲特也承认，他在过去的收购中并非每次都成功。他总结说，自己绝大多数的失败都是因为看错了行业。尽管如此，他仍然坚持自己的投资哲学，并不断努力寻找符合这三个条件的公司。

巴菲特还提到了他所谓的"顶级能力"，即经理人或 CEO 能够一眼看出公司的问题并提出解决方案的能力。他认为，这种能力对于公司的成功至关重要。而辛格尔顿和墨菲正是具备了这种顶级能力的人，因此他们能够发现并改造那些看似平凡的公司，为股东创造巨大的价值。

三、面对通货膨胀：何时投股票，何时投债券

1981 年，美国正面临高通胀的经济环境。巴菲特在股东信中，对何时投资股票、何时投资债券给出了明确的指引。

他首先问了一个问题：我们为什么要投股票？答案是因为我们觉得投股票比买债券收益高。然而，在高通胀的环境下，这个答案是否依然成立呢？

巴菲特分析说，**在低通胀的时候，股票确实通常比债券收益高。**这是因为股票代表的是公司的所有权，而公司有能力将钱再生钱，为股东创造价值。然而，在高通胀的时候，情况就不同了。**由于加息导致债券收益率上升，股票投资的优势可能就不再明显。**

巴菲特指出，当时美国长期债券的收益率已经超过了 16%，即使扣除税收，也仍然高达 14%。这意味着，如果一家公司的净资产回报率只有 14%，那么就没有必要投资这家公司的股票了，因为投资者可以直接购买债券获得更高的收益。

因此，巴菲特得出结论：**在高通胀的时候，投资者应该更多地投资债券，而不是股票。**他甚至开玩笑说，公司应该把所有的钱分给股东，让股东去买债券，因为这时候投资股票可能并不是一个明智的选择。

然而，巴菲特也承认，找到净资产回报率远超债券收益率的公司并不容易。他提到，自己投资的公司虽然净资产回报率达到 21%，但仍然需要不断努力才能保持这一水平。因此，他建议投资者在寻找投资机会时，要特别关注公司的净资产回报率，并尽量选择那些能够持续为股东创造价值的好公司。

四、经济洞见：加息周期与降息周期的投资策略

在 1981 年的股东信中，巴菲特还分享了他对加息周期与降息周期投资策略的独到见解。

他指出，在加息周期中，由于债券收益率上升，投资者应该更多地投资于债券。这是因为债券的收益是固定的，而加息会导致新发行的债券收益率提高，从而使得现有债券的价格下跌。但是，对于已经持有的债券来说，加息并不会影响其收益率，因此投资者可以获得相对稳定的回报。

而在降息周期中，情况则有所不同。降息会导致债券收益率下降，从而使得债券的投资吸引力降低。此时，投资者应该更多地关注股票等权益类资产。因为降息通常会刺激经济增长和企业盈利能力的提升，从而推动股票价格上涨。

巴菲特强调说，**"利率是价值的万有引力"**。在加息周期中，利率上升会吸引资金流向债券等固定收益类资产；而在降息周期中，利率下降则会推动资金流向股票等权益类资产。因此，投资者应该根据经济周期的变化来调整自己的投资策略。

这一观点在当时的投资界可能并不被广泛接受，但如今已经成为一个经济学常识。然而，真正能够理解和运用这一常识的投资者并不多。巴菲特通过自己的投资实践和洞见，为投资者提供了一个宝贵的指南。

回顾1981年的巴菲特股东信，我们不仅可以领略到这位投资大师的智慧和洞见，还可以从中汲取到宝贵的投资启示。巴菲特在信中阐述了公司的运营哲学和未来规划，强调了辛格尔顿等天才经营者的重要性，提出了收购公司的三个条件和顶级能力的价值。同时，他针对当时的高通胀环境，给出了股票和债券投资的明确指引，并分享了加息与降息周期的投资策略。巴菲特的这些洞见和经验，为投资者提供了宝贵的指南，展现了其卓越的投资智慧和长远眼光。

有时候不动比动更有价值

解读巴菲特给股东的第 18 封信（1982 年）

1982 年，伯克希尔·哈撒韦正式走向了业务运营与投资双轮驱动的发展模式，巴菲特给股东的信越写越长，涉及的内容也越来越丰富。

一、不仅是投资者，更是企业家

1982 年，伯克希尔·哈撒韦公司在巴菲特的领导下，获得了3150 万美元的运营利润，净资产回报率达到了 9.8%。

早在 1979 年，公司开始向投资与运营并重的双轮驱动模式转型的时候，考虑到传统指标可能因投资收益的纳入而失真，巴菲特为此特别设计了自己的净资产回报率计算方式，并视其为评估公司表现的核心指标。9.8% 的净资产回报率，剔除了如股票市值增长等可能导致净资产膨胀的因素，未计入某些股票投资的留存利润，确保了数据对运营利润的真实反映。

这一年，伯克希尔·哈撒韦从盖可公司、通用食品公司[1]、《华盛顿邮报》和美诺兹工业公司[2]等股票投资中获得的利润，总和超过了4000万美元。这部分收益并未计入股票分红，如果以传统的方式来计算伯克希尔·哈撒韦的资产回报率，得到的结果应该远不止9.8%。

所以，当时公司内部很多人都觉得伯克希尔·哈撒韦的股价是被低估的，以至于巴菲特想要通过股权置换的方式来并购蓝筹印花公司的时候，不得不特意向股东解释了这一点。当然，这都是后话。

回顾历史，巴菲特评价公司业绩的唯一标准——**净资产的增长**，既反映了投资价值也兼顾了运营价值。自1965年接手伯克希尔·哈撒韦以来，巴菲特成功将公司美股的净资产从每股19美元提升至1982年的737美元，实现了年化22%的复合增长率，这一成就彰显了其卓越的投资与经营能力。

如果将时间轴拉长至2023年底，巴菲特领导下的伯克希尔·哈撒韦在长达58年的时间里，保持了每股净资产年化18.2%的增长率，这一数字不仅令人惊叹，更是对巴菲特"股神"乃至"经营之神"美誉的最佳诠释。

---

1 通用食品公司曾是美国的一家大型食品制造公司，成立于1929年，总部位于纽约州的赖伊布鲁克。它的产品覆盖多个食品领域，是多种广受欢迎的品牌的母公司。——编者注

2 美诺兹工业公司是美国一家知名的金融服务公司，主要提供信用评级、研究和风险分析等服务。虽然美诺兹工业并不直接与沃伦·巴菲特建立显著的投资关系，但巴菲特对信用评级机构的看法和投资策略可以在其整体投资哲学中得到反映。——编者注

二、耐心等待特殊事件的发生

巴菲特在 1982 年给股东的信中，明确指出了保险业务具有两大显著特性：

一是行业常常处于供大于求的状态，其价格和成本完全市场化，产能严重过剩。在这样的环境下，企业的成功往往取决于用户的购买意愿和时机。但客户对保险类产品也没有什么特殊偏好，因此行业的整体盈利性堪忧。

二是其产品具有高度标准化，所有保险产品对于用户而言，在性能、外观、服务等方面几乎无差别。像喜诗糖果这样的消费品企业可以通过品牌吸引顾客，而保险则更像是"白糖"行业，消费者在购买时几乎不会关注品牌。即便进行大规模的广告投入，也不能有效提升保险公司的竞争力。

巴菲特自嘲道，自己先是踏入了纺织这一"烂行业"，随后又进入了更为艰难的保险行业。但他也指出，既然已经身处其中，就必须寻找建立特殊优势的方法。在这种标品化、同质化严重的行业中，企业要想盈利，必须设法摆脱激烈的市场竞争。

在信中，巴菲特提出了几个关键策略：

首先，要充分利用政府管制带来的机遇，因为政府政策往往能影响行业的定价和运营规则，为企业创造一定的竞争优势。就像 1950 年至 1970 年期间，由于政府和监管部门的定价管制，保险行业得以维持稳定的利润。

其次，可以借鉴国际市场上的类似组织，如欧派克等对市场的影响，通过寻求外部支持和合作的方式，建立自己的竞争优势。

最后，也是最关键的一点，等待供给端的收缩。因为需求相对稳定，只有供给减少才能带来利润增长。说白了，就是当价格不合适时，公司应停止承保，保持谨慎；而当价格合适且竞争对手退缩时，则应积极扩张。

对于如何实现供给端收缩的问题，巴菲特指出，普通的利润亏损并不足以让保险公司主动收缩业务，因为它们往往担心失去市场份额和客户。这种心态加上保险业务赔付的滞后性，使得新进入者不断涌入，行业短期内难以崩溃。

巴菲特强调，要等待特殊事件的发生，如超级自然灾害或金融市场的崩溃，这些事件将迫使部分保险公司收缩或退出市场，从而为幸存者创造利润空间。

巴菲特的这一理念不仅深刻影响了伯克希尔·哈撒韦的企业文化，也塑造了公司的投资策略。他多次在股东大会上提到，由于市场上聪明人众多，优质投资标的的价格往往被高估，要保持耐心和冷静，等待市场出现错误定价的机会。用巴菲特的话来说，**"在投资中和在企业经营中，有时候不动比动更有价值"**。

三、对价和支付

企业想要做大做强，光在二级市场投点股票肯定是不行的，还是要收购。但是巴菲特说 1982 年不是个好时机，当时整个美国市场太热闹了，大家都在收购，很多企业的股票都是以高于自身价值的价格成交。所以巴菲特说，现在不但不能参与，反而还要"卧倒"，继续等待最好的时机。

虽然说要"卧倒"，但巴菲特也不是什么都没做。

早在 1968 年，巴菲特和伯克希尔·哈撒韦公司就开始逐步收购蓝筹印花公司的股票。随着时间的推移，他们逐渐增持了蓝筹印花的股份，并在 20 世纪 70 年代早期成为其最大股东之一。蓝筹印花公司的浮存金价值、在保险和零售领域的潜力，以及合并后对伯克希尔·哈撒韦整体业务的积极影响等因素，都促使巴菲特做出了进一步行动。最终，在 1983 年，伯克希尔·哈撒韦公司通过换股的方式将蓝筹印花公司整体合并入伯克希尔·哈撒韦。在当年的股东信中，巴菲特详细阐述了他关于这次合并的决策过程及其背后的考量。

巴菲特提到，并购的复杂性往往被外界过度夸大，实际上只需这两步就能清晰解决：

一是两家公司的对价问题，即如何确定各自的公允价值[1]。巴菲特说你永远不要在不公允的价值上和对方谈，那很容易谈崩。在并购谈判之前，先要确认对方的价值是多少。在企业价值的评估方面，巴菲特与公司团队已经有充足的经验，而且他们一直在密切关注并调整公司的估值方法，以确保对价的准确性。同时他也表明，自己将遵循

1　公允价值（Fair Value）是一个会计和金融领域的重要概念，用于评估资产和负债的价值。它通常被定义为在公平交易中，具有市场参与者之间自愿交易的情况下，某项资产出售时或某项负债转让时所能获得的价格。——编者注

等价交换的原则，确保不损害股东利益。

二是支付方式的选择，是使用现金还是股票进行交易。在并购蓝筹股票这件事情上，巴菲特选择用股票进行交易。为了打消股东对于伯克希尔·哈撒韦自身股价被市场低估的疑虑，巴菲特回顾了过去几年在净资产评估方面的数据，并强调伯克希尔·哈撒韦的股票在当前市场上的价格是公允甚至略有高估的，因此用这些股票去交换蓝筹印花的股份是合理的。

最后，巴菲特总结道，合并蓝筹印花是公司战略发展的重要一步，他坚信这一决策将为公司带来长远的利益。他通过这封信，不仅向股东清晰传达了合并的动因和过程，也展现了他作为一位深思熟虑、超级负责任的企业领导的风范。

原则的力量，领跑市场几十年

解读巴菲特给股东的第 19 封信（1983 年）

1983 年，不仅是巴菲特与芒格合作的具有里程碑意义的年份，也是伯克希尔·哈撒韦公司发展历程中的一个关键节点。

一、巴菲特的 13 条股东原则

1983 年，对于伯克希尔·哈撒韦而言，是具有标志性意义的一年。这一年，巴菲特与芒格正式携手，开启了他们的黄金搭档时代。随着股东数量从 1900 人跃升、激增至 2900 人，巴菲特深知制定明确规则的重要性。于是，他向所有股东阐明了 13 条原则，这些原则不仅奠定了伯克希尔·哈撒韦未来几十年的管理基石，也成了现代企业学习的典范。

1. 我们是合伙人

巴菲特强调，伯克希尔·哈撒韦虽然以公司的形式存在，但每位股东都是他的合伙人。这种紧密的合作关系要求大家利益一致，共同为公司的长远发展贡献力量。

2. 利益一致

巴菲特透露，公司的主要合伙人将一半的身家都投入了伯克希尔·哈撒韦，这种高度的利益捆绑确保了大家劲往一处使，共同面对市场的风雨。

3. 追求长期价值

巴菲特明确表示，伯克希尔·哈撒韦追求的是美股内在价值的长期增长，而非短期内的规模扩张或表面光鲜。他告诫股东们要有耐心，不要被市场的短期波动迷惑。

4. 双轮驱动

伯克希尔·哈撒韦的业务模式独树一帜，保险业务为投资提供了源源不断的现金流，而投资则让公司的价值不断攀升。巴菲特希望股东们理解并支持这一战略。

5. 会计报表的局限性

巴菲特坦言，由于伯克希尔·哈撒韦投资的公司众多，且部分公司短期内被低估或未分红，会计报表可能无法全面反映公司价值。他呼吁股东们保持理性，不要仅凭报表数据就对公司业绩下结论。

6. 资产配置的自由度

巴菲特强调，他在资产配置上的决策不容置疑。这种对专业判断的坚持体现了他对公司和股东负责的态度。

7. 保守的债务管理

伯克希尔·哈撒韦在债务管理上极为保守，即便借款也会选择长期低利率的债务。这种稳健的财务策略为公司的长远发展提供了坚实的保障。

8. 不求大的收购原则

巴菲特在收购时更注重质量而非规模，他承诺绝不会牺牲股东利益来追求表面的扩张。

9. 五年考核期

巴菲特提出以五年为一个考核周期来评估公司和被投资公司的业绩表现。这种长期视角避免了短期波动带来的干扰，能够让股东们更清晰地看到公司的真实价值。

10. 增发股票的原则

巴菲特承诺在增发股票收购公司时，确保两家公司价值对等，不会让现有股东吃亏。这种公平透明的做法赢得了股东们的信任和支持。

11. 好公司永远不卖

巴菲特表示将长期持有优质公司，即便短期内不盈利也不会轻易抛售。他强调好公司是企业价值的源泉，必须珍惜并呵护。

12. 换位思考

巴菲特鼓励股东们换位思考，理解公司的决策和处境。他相信通过良好的沟通和理解，大家能够共同面对挑战和机遇。

13. 非必要不披露

巴菲特坚持非必要不披露原则，认为过度透露细节可能会带来麻烦和误解。他呼吁股东们尊重公司的隐私权，不要过分干预公司的内部事务。

这些原则不仅为伯克希尔·哈撒韦的未来发展指明了方向，也为股东们提供了清晰的行动指南。这些原则在未来几十年里只修改了一两条，基本上都得以坚持和执行。这种稳定性和持续性，正是伯克希尔·哈撒韦能够长期领跑市场的重要原因之一。

巴菲特在做任何一件事之前，都会先定规则，把原则说清楚，这种严谨的态度和经营的方式值得我们每个人细细品味。

二、站在客户的角度思考问题

在 1983 年的伯克希尔·哈撒韦大事记中，不得不提的就是巴菲特对内布拉斯加家具城（简称 NFM）[1]的收购。这家家具城的创始人 B 太太，是一位生于 1894 年的传奇女性。她的一生充满了坎坷与奋斗，最终凭借自己的智慧和勇气在商界闯出了一片天地。

B 太太 23 岁时从俄罗斯偷渡到美国，没有受过正规教育，也不懂英语。然而，她凭借着自己的努力和坚韧不拔的精神，在奥马哈地区开创了自己的家居事业。她的经营之道简单而有效：低价和真诚。这种以客户为中心的经营理念让她迅速赢得了市场的认可。

巴菲特在收购 NFM 时曾坦言："我宁愿和灰熊搏斗，也不愿和 B 太太竞争。"这句话充分说明了 B 太太在商业领域的强大竞争力。她凭借着自己的智慧和勇气，在商海中披荆斩棘，创造了一个又一个商业奇迹。

更令人惊叹的是，在巴菲特收购 NFM 多年后，95 岁的 B 太太因

1　内布拉斯加家具城（简称 NFM）是美国最大的家具零售商之一，位于内布拉斯加州奥马哈。它以提供多种家具、家电和地板覆盖材料而闻名。——编者注

与家族成员产生分歧而愤然离职。然而，她并没有选择安享晚年，而是选择在伯克希尔·哈撒韦的 NFM 对面开了一家新的家具店。凭借着过去的经验和人脉资源，她在短短三年内就将这家新店打造成为当地第三大地毯零售店。这种永不停歇的创业精神让人肃然起敬。

B 太太的一生充满了传奇色彩，巴菲特对她极其尊重，甚至说："这种人值得所有商学院的学生学习。"

三、不拆股，少交易

随着伯克希尔·哈撒韦股价的不断攀升，许多股东开始呼吁拆股以降低购买门槛，吸引更多投资者。然而，巴菲特却认为拆股实际上是证券公司为了赚取交易费用而玩的一种游戏，虽然可以增强短期内的流动性，但并不能真正增加公司的价值，反而会让现有股东承担更高的交易成本。为了保持公司股价的稳定性和股东队伍的纯洁性，他坚决反对这一提议。

他举例说，假设每天市场上有 1 亿股的交易量，并且每笔交易产生 15 美分的交易费用，那么一年下来，仅交易费用就高达 75 亿美元。这是一个惊人的数字，相当于《财富》杂志 500 强中最大的 4 家公司一年的利润总和。如果再加上证券公司收取的投资顾问费用等其他费用，他估计这些额外费用可能高达 20 亿美元，使得总费用达到惊人的 95 亿美元。即便是美国最大的 5 家银行，其年度利润也未必能达到这一水平。

也就是说，股票拆分越多，交易越频繁，对现有股东利益的侵蚀也就越严重。

在 2008 年，巴菲特与华尔街一位知名基金经理进行了一场赌注高达 100 万美元的"世纪赌局"。在赌约成立之后的 10 年里，巴菲特不进行任何交易，而对方则采取频繁交易的策略，最后以标普 500 指数为基准，比较双方在 10 年间谁能获得更高的业绩回报。最终，巴菲特赢了这个"世纪赌局"。

这一赌局深刻地揭示了投资领域的一个重要原则：**当你手握优质资产时，长期持有往往比频繁交易更能带来稳定且长期的回报。** 当然，这一原则的前提是以合理的价格买入真正优质的公司，而非盲目追高热门股票。正是这种稳健且长远的投资哲学，使巴菲特成为众多投资者心中的传奇。

投资不是金融游戏，是生意

解读巴菲特给股东的第 20 封信（1984 年）

　　1984 年，伯克希尔·哈撒韦的规模逐渐扩大，净资产新增了 1.5 亿美元。庞大的基数，导致了增长率的相对放缓，只有 13.6%。

　　巴菲特认为这个增长在相对合理的范围内，他分析，未来 10 年，随着公司发展规模的进一步扩大，每年要是有 15% 的净资产增长率，就已经算是非常出色了。他预测，如果能够实现这一增长率，10 年后公司的利润将达到 39 亿美元，这将是一个巨大的成就。

一、在保守和激进之间找到平衡

　　从 1980 年到 1984 年，伯克希尔·哈撒韦的保险业务连续 4 年亏损。这主要是因为赔付率上升，市场竞争激烈，价格战导致利润率下降。巴菲特在股东信中多次表达了对保险业务的不满，认为这是一个烂生意。因为保险没有差异化可言，只能通过价格战来竞争。如果不是考虑到保险的浮存金可以给自己提供投资资金，他甚至考虑过放弃保险业务。

巴菲特指出，保险赔偿准备金存在很大的不确定性，如当年实际赔偿损失、已报未结案件、未知损失以及再调整等，都会导致准备金的数额和赔付时间存在很大的变数。这些变数给了一些保险公司操纵利润的机会。这种随意性不仅增加了审计的难度，也使得保险公司的财务状况难以预测。与其他行业不同，保险公司的现金流相对稳定，因为总有新的保费流入。然而，这种稳定性并不意味着保险公司没有风险，因为它们可能会在净资产消耗殆尽后才显现出危机。

他认为，保险公司之所以能在保守和激进之间摇摆，也正是由保险业务本身的复杂性和不确定性导致的。

首先，保险业务的核心在于对未来的风险评估和定价。然而，未来是不确定的，无论是自然灾害的频率和严重程度，还是人们的健康状况和寿命预期，都充满了变数。这种不确定性使得保险公司很难准确预测未来的赔付情况，从而难以制定精确的财务计划。

其次，保险公司在面对这种不确定性时，采取的应对措施也往往是大相径庭的。保守的策略可能意味着预留更多的赔偿准备金，以应对潜在的风险，但这会压缩当前的利润空间；而激进的策略则可能减少赔偿准备金的预留，以释放更多的利润，但这又可能在未来面临赔付压力时导致财务困境。巴菲特强调想要让保险业务扭亏为盈，需要在两者之间找到平衡。

现实当中企业的经营也是如此，**当未来充满不确定性时，不能盲目地选择保守或激进，而是知道一个进可攻、退可守的平衡点。**

二、所有者思维与代理人思维

巴菲特坚持认为投资是一个生意，而不是一个金融游戏。他强调，无论是买股票还是买债券，都应该用生意思维去评估。所谓的生意思维，就是寻找并投资具有长期增长潜力和稳定收益的企业。

从长期角度来看，股票的表现通常优于债券，因为股票代表了企业的所有权，可以随着企业价值的增长而增值。甚至，在通货膨胀较高的情况下，股票的抗通胀能力通常还要强于债券。因为股票可以通过盈利增长和股息支付来抵御通货膨胀的影响，而债券的固定利息支付在通货膨胀时可能会导致贬值。如果债券的收益没有达到 10% 时，他觉得应该选择买股票。当市场利率较高或股票市场估值过高时，债券也是不错的选择。

其实从巴菲特对股票和债券的分析中，能够看出他在做投资决策时，会更加关注公司的长期发展和经济价值。巴菲特也解释自己这样思考的原因，他和芒格两个人的持股加起来占公司股票的 47%，是典型的所有者思维。

相比之下，公募基金经理更像是公司的代理人，他们的投资决策往往受到短期业绩压力和激励机制的影响，缺乏长期视角和稳定性。因此，巴菲特认为这些基金经理根本不靠谱，不值得被完全信任。

他觉得公募基金经理的激励机制本身就存在问题。当基金经理做对时，他们可能只会得到一些口头上的表扬；而一旦犯错，就可能面临被解雇的风险。这种激励机制导致基金经理缺乏长期思维，更倾向于短期内的业绩波动。巴菲特将这些公募基金经理比作"驴鼠"（一种快速移动、没有常性的动物），认为他们总是在不同的公司和股票之间游走，无法形成稳定的投资策略。

对于这些投资经理人所提出的，要用分散投资来降低风险的这种投资理念，巴菲特更是嗤之以鼻。他用了一个形象的比喻来讽刺这些投资经理人的短视。他说，"如果你有 40 个女人，那么你对谁也不会了解"。他认为，这些人就是"东一榔头，西一棒槌"，能打一个算一个，根本谈不上规划和投资。

相比之下，巴菲特更主张集中投资。他认为，只有深入研究并理解少数几个投资标的，才能做出明智的投资决策。

同时，他也强调**集中投资必须满足的两个条件：一是投资标的极具吸引力的价格；二是投资决策必须基于严格的概率分析。**

三、对回购股票和分红政策的见解

对于是否回购股票，巴菲特认为，**当公司管理层认为公司的市场价值远低于其内在价值时，回购股票是必要的。**因为这样做不仅增加了现有股东的每股价值，也体现了管理层对股东利益的重视和对公司未来的信心。他同时指出，回购不应是出于被讹诈的压力，如某些股东利用大量持股威胁管理层进行回购以获取不正当利益。这种回购行为是不合理的，应予以排除。

他呼吁管理层应将股东利益放在首位，通过回购等方式提升股价，吸引更多优秀股东，而不是仅关注自己的地位和地盘。

对那些天天在 A 股市场抱怨自己被低估了的公司，巴菲特觉得，这种光说不练的假把式，就足以证明，他对自己的公司都没有十足的信心，这样的公司又如何能得到股民们的信任呢？

说到分红政策，巴菲特强调公司应根据利润的性质和投资回报率来决定是否分红。**他区分了因通货膨胀导致的"假利润"和实打实挣来的"不受限利润"**，并指出只有后者才适合用于分红。

他认为，如果公司无法用留存资金为股东创造超过资金本身的价值，那么就应该将利润分配给股东。这一标准基于投资回报率，即公司是否能用一美元创造超过一美元的价值。

巴菲特坦言，在过去 10 年中，想找到一个好的投资标的越来越难了。他希望芒格能更激进地寻找到更多好的投资机会。而现在，他们需要做的，就是有足够多的耐心和坚持慢慢等待好时机的到来。

巴菲特特别指出，虽然分红对股东来说，可以即时得到回报，但是，出于对股东长期利益的考虑，他觉得伯克希尔·哈撒韦应该永远都不分红。因为他有信心能够用一美元创造出远超过一美元的价值。

"踮脚效应" 的困局舍弃

解读巴菲特致股东的第 21 封信（1985 年）

在 1985 年巴菲特致伯克希尔·哈撒韦股东的信中，他不仅以其标志性的谦逊与智慧，分享了公司在过去一年创造的辉煌业绩，更深刻剖析了市场环境的变迁、投资策略的演进以及企业管理的精髓。这一年，伯克希尔的净资产实现了 48.2% 的惊人增长。

一、低迷市场的反思与活跃市场的挑战

巴菲特首先回顾了 1964—1984 年间美国股市的低迷状态。在这漫长的 20 年里，巴菲特凭借其独到的眼光和耐心，在市场低谷中发掘了数个被严重低估的优质企业。这些投资如同被埋藏的金矿，在 1985 年迎来了爆发，为伯克希尔带来了丰厚的回报。然而，随着市场的逐渐回暖，巴菲特敏锐地意识到，那种遍地黄金的低迷时期已经渐行渐远。

巴菲特认为当时的资本市场已经过了那个建设阶段，变得异常活跃。以至于按照他的标准，找到好的投资机会变得异常困难。这种转

变不仅考验着投资者的眼光，更对伯克希尔的未来增长提出了挑战。面对这一现实，巴菲特没有选择盲目扩张或追求短期收益，而是将伯克希尔的长期复合增长目标设定为更为稳健的 15%。

为了实现这一目标，巴菲特提出了三个关键信心来源：

1. 长期主义

在巴菲特的投资哲学中，长期主义始终占据核心地位。他坚信，只有坚持长期视角，才能穿越市场的迷雾，发现真正的价值所在。在信中，他再次强调了长期主义的重要性，并分享了自己如何践行这一理念的经验。

他指出不能以季度或年度的报告来倒推现在要做什么事，如果这样的话，将非常难以长期达到自己的增长目标。他强调，投资者应该关注企业的长期发展前景而非短期的财务表现。只有这样，才能在市场的波动中保持冷静和坚定，不被短期的诱惑动摇。

2. 独立思考

在活跃的市场中，跟风从众往往意味着平庸甚至失败。巴菲特鼓励投资者勇于跳出固有的思维模式和市场共识的框架，用独立的眼光去审视每一个投资机会。他相信只有那些敢于独立思考、勇于挑战常规的人才能在市场中脱颖而出，实现非凡的成就。

3. 热爱工作

巴菲特对工作的热爱，不仅体现在他对投资的痴迷上，更体现在他对伯克希尔这个大家庭的深情厚谊上。在信中，他坦言自己热爱这份工作，是因为这份工作让他充分发挥自己的才能和潜力，为股东创造更大的价值。这种热爱工作的激情不仅激励着他不断前行，更感染着伯克希尔的每一位员工。

二、代理人的困境与主人的觉醒

在这封信中，巴菲特再一次对公募基金经理进行了辛辣的嘲讽。他用一个生动的笑话来讽刺这些人：一个石油勘探商在天堂被告知，他的院子已经住满了人。但当他大喊一声"地狱发现石油了"时，院子里的勘探商们纷纷涌向地狱。即使耶稣惊讶地让他留下，勘探商也坚持要跟随众人前往地狱，因为他担心万一地狱真的有石油怎么办。这个笑话深刻地揭示了公募基金经理在面对不确定性时的盲从和短视。

与此相反，巴菲特强调**管理层应该是公司的"主人"，而非"代理人"**。他主张通过股权激励等方式将管理层与股东的利益紧密绑定在一起，形成利益共同体。只有这样，管理层才会真正从公司的长远发展出发做出决策，而非仅仅关注短期业绩。

三、纺织厂的终结与好生意的定义

在巴菲特的投资生涯中，1985 年是一个具有纪念意义的年份，这一年，伯克希尔公司做出了一个艰难但必要的决定——关闭了经营长达 20 年的纺织厂。这一决策不仅标志着巴菲特对某个特定行业的彻底告别，更深刻地体现了他对好生意定义的独到见解和对投资哲学的深刻认识。

自 1965 年巴菲特接手这家纺织厂以来，尽管纺织厂的净资产回报一直不尽如人意，但巴菲特出于社会责任的考量，尤其是考虑到厂内众多老员工的就业问题，从而选择了长期坚守。他希望通过不断地投资和升级设备，改善纺织厂的经营状况。然而，随着时间的推移，巴菲特逐渐意识到，这种努力似乎陷入了"踮脚效应"的困境。

所谓"踮脚效应"，是巴菲特用来形容纺织行业出现的一种现象。在这个行业里，所有企业都在不断地投入资金进行设备升级，试图通过改进技术来获得竞争优势。然而，由于这种升级是普遍性的，最终的结果是大家站在了同样的高度，谁也没有真正脱颖而出。这种看似积极的竞争行为，实际上只是让所有参与者都付出了高昂的成本，而未能带来实质性的差异化和增长。

面对这样的困境，巴菲特开始深刻反思自己的投资策略。他意识到，纺织业作为一个缺乏品牌效应、高度同质化且面临技术替代风险的行业，已经不再是值得长期投入的好生意。尽管他曾试图通过改善管理、降低成本等方式来提升纺织厂的竞争力，但终究无法改变行业本身的衰落趋势。

因此，在巴菲特看来，在这样的夕阳行业中，一家即使具备优秀资本配置的纺织厂仍然只是一家纺织厂，这样的生意本质上就是一个烂生意。他用一个形象的比喻来形容这种现象：一匹能数到 10 的马，它还是一匹马，它不可能是一个人，更不能是一个出色的数学家。

纺织厂的终结不仅让巴菲特承受了巨大的经济损失，更让他收获了宝贵的投资教训。在反思这一决策的过程中，巴菲特逐渐形成了对好生意定义的清晰认识。他认为，一个真正的好生意必须同时具备三个支柱：好行业、好管理层和好价格。

1. 好行业

好行业是好生意的基础和前提。一个具有广阔发展前景、持续增长潜力和稳定盈利能力的行业，能够为企业提供源源不断的成长动力。相反，像纺织业这样技术替代风险高、竞争激烈且缺乏差异化的行业，很难孕育出真正的好生意。

2. 好管理层

优秀的管理层是企业成功的关键。他们应该具备敏锐的市场洞察力、卓越的决策能力和高效的执行力，能够带领企业在复杂多变的市场环境中稳健前行。然而，即使管理层再优秀，如果所处的行业本身没有发展前景，那么他们的努力也很难转化为企业的长期价值。

3. 好价格

合理的买入价格是保障投资收益的重要因素。巴菲特强调，投资者应该以低于企业内在价值的价格买入股票或资产，以确保足够的安全边际来抵御市场波动和不确定性风险。

纺织厂的终结给巴菲特和所有投资者都带来了深刻的教训。它告诉我们，在投资过程中，不仅要关注企业的内在价值和管理层的能力，更要重视行业的选择。处于衰退或缺乏增长潜力的行业中时，企业无论如何努力都难以摆脱困境。因此，投资者应该时刻保持清醒的头脑和敏锐的洞察力，善于发现和抓住那些具有广阔发展前景和持续增长潜力的行业机会。

同时，纺织厂的终结也让我们看到了巴菲特作为一位伟大投资者的勇气和决断力。面对长期亏损和无法逆转的行业趋势，他没有选择继续坚守或盲目投入，这种敢于承认错误并及时止损的精神品质值得我们所有人学习和借鉴。

抠门背后的投资智慧

解读巴菲特致股东的第 22 封信（1986 年）

1986 年，伯克希尔的净资产增长率达到了 26.1%。

巴菲特为保持净资产增长开始思考收购事宜，毕竟只有收购能让巨头企业发展得更大。然而，收购是一件极难的事情。

一、收集市场最优秀的经理人

巴菲特的成功并非一蹴而就，而是经过了数十年的精心布局与不懈努力。自 1965 年收购伯克希尔以来，他便开始了"收集"之旅——不是简单地并购企业，而是精心挑选并聚集市场上最优秀的 CEO。

比如从家具厂到国民保险，从喜诗糖果到《水牛城晚报》，再到斯科特·费泽集团[1]和费切海默兄弟公司[2]，每一个名字背后都有一段

---

1 斯科特·费泽集团是一家总部位于美国俄亥俄州的制造和分销公司。它成立于 1916 年，最初以生产清洁和护理产品起家。斯科特·费泽集团的产品涵盖多个领域，包括家庭用品、工业产品和汽车配件等。——编者注

2 费切海默兄弟公司是一家美国知名的服装制造公司，成立于 1842 年，总部位于俄亥俄州的辛辛那提。该公司主要以生产和销售专业制服和工作服而闻名，广泛用于执法、消防、医疗和军队等行业。——编者注

精彩的故事。然而，这些公司的名字对当时的大多数人来说或许并不熟悉，这正是巴菲特投资策略的独特之处。因为他看重的不是赚多少钱，而是觉得这些公司的 CEO 非常出色。

在巴菲特看来，一个企业的成功往往离不开领导者的才能。因此，他始终坚持寻找并聚集市场上的顶尖 CEO，共同推动企业不断向前发展。在 1986 年的致股东信中，巴菲特明确提出了"收集"这一概念。他引用奥美广告[1]创始人大卫·奥格威的名言："一个组织如果找的人越来越矮，那么这个组织很快都是侏儒；如果找的人越来越高，那么这个组织里面都是巨人。"

这句话不仅是巴菲特自身投资哲学的生动写照，更是对所有企业家的警醒。**与优秀者同行，公司才会越来越优秀；若都是差的人，公司会越来越差。**

二、三大核心公司与辛普森的投资传奇

1986 年，伯克希尔的净资产实现了 26.1% 的惊人增长，这一成就离不开三大核心公司的鼎力支持——GEICO 保险公司、《华盛顿邮报》和大都会广播公司。这三家公司为伯克希尔贡献了超过 75% 的净资产。

然而，在谈及伯克希尔的增长引擎时，出现了一位堪称"神人"

---

1 奥美广告是一家全球知名的广告和营销公司，成立于 1948 年，由大卫·奥格威创办。作为全球最大的广告和市场营销网络之一，奥美公司为广告创意、品牌策略、数字营销、公关等多个领域提供服务。——编者注

的人物——卢·辛普森。作为 GEICO 保险公司的首席投资官，辛普森非常低调，尽管很多人都没听说过他，但他的投资业绩极为惊人。在担任首席投资官的 30 年里，他实现了年均回报率 23% 的卓越成绩，大幅超越了标普指数。即使在牛市时，这也是非常了不得的成绩。

巴菲特在 1986 年股东信中对辛普森评价极高，他说如果投资行业有一个名人堂，辛普森必须入选。他还详细谈及了辛普森和标普7 年的业绩对比，辛普森只有一年低于标普，其他年份都超过标普10%—20%，巴菲特直言这个人太厉害了。

辛普森于 1936 年在芝加哥出生。他所学的专业可能会让你惊讶，他是学文学的，拥有普林斯顿大学文学硕士学位。他原本并不炒股，毕业后留校当了一年老师，之后觉得当老师很无聊便加入了一家投资公司。仅过了 7 年，他就成为公司合伙人。1979 年，巴菲特收购了 GEICO 保险公司，满世界寻找投资官，就找到了辛普森。

辛普森的厉害之处不仅仅在于其惊人的投资回报率，更在于他那独到的投资眼光和稳健的投资策略。他善于发掘具有巨大增长潜力的公司，如耐克，并在合适的时机果断出手。凭借这种敏锐的洞察力和果断的决策力，辛普森为 GEICO 创造了辉煌的投资业绩，也为伯克希尔带来了丰厚的回报。

巴菲特对辛普森的评价极高，甚至曾将他视为伯克希尔接班人。然而，辛普森却在 2011 年选择了退休，这一决定让巴菲特深感惋惜。尽管如此，辛普森的投资传奇仍将继续激励着无数投资者在市场中勇往直前。

三、恐惧与贪婪

"别人贪婪的时候你恐惧，别人恐惧的时候我贪婪"，是巴菲特在 1986 年第一次提出的。

巴菲特指出在市场中，由于存在巨额回报，有两种如病毒般的情绪环绕在人们周围，那就是恐惧与贪婪。他深知谁都无法预测这两种情绪何时开始以及何时结束。常常有人询问市场走势何时开始转变、何时终结，在他看来，无论是对市场走势加以崇拜还是嘲笑的人，都是不明智的，因为根本没有人能够准确预测。在 1986 年，显然又是处于牛市阶段，市场中已没有丝毫恐惧情绪。

巴菲特表示自己找不到符合他那三个标准的公司了，并且他觉得股价的涨幅已经脱离了股票的基本面增长。美国上市公司的平均净资产回报率都超过 12%，这使得市场在短期内陷入极度狂热的状态，他认为这种情况是非常棘手的。有人或许会疑惑那他是不是就按兵不动了呢？当然不是。

在牛市时，巴菲特不会进行大额投资，而是开展短期套利。巴菲特常常进行一些短期套利活动。那巴菲特是如何看待套利的呢？他指出套利的关键之处很重要，因为实际上很多人，包括 A 股市场的参与者，大多都在进行套利而非真正意义上的投资。我们需要学习巴菲特对套利的理解。他说在套利时最主要是理解三个问题。

巴菲特阐述了三个关于套利的重要理论：

其一，必须理解赢的概率和赔的概率，只有在计算出赢的概率较大时，才值得去进行套利操作。在考虑是否参与套利时，先问问自己这个关键问题。

其二，要明确亏钱的风险究竟有多大。有人可能觉得这和第一个问题类似，但实则不同。第一个问题关乎赔率，也就是输赢的概率对比，而这一点聚焦于亏钱的实际风险情况。

其三，何时开始以及何时结束套利操作极为重要，必须清楚把握这两个时间节点。

在市场充满不确定性的今天，比起看着模糊不清的未来，去赌成功的概率，不如始终坚持寻找并持有那些具有长期增长潜力的优质企业。

四、一架飞机的故事

提到巴菲特和伯克希尔，人们往往会联想到财富与慷慨。然而，在对待某些事情上，巴菲特却显得异常"抠门"。

1986 年，巴菲特以 85 万美元的价格购买了一架原价 1500 万美元的二手公务飞机。不是新飞机买不起，而是二手飞机更有性价比。这一举动不仅让伯克希尔节省了大量资金，更体现了巴菲特在投资决策上的精明与果断。他深知，对于一家企业来说，每一分钱都应该花在刀刃上，而购买公务飞机这样的非必要支出显然不符合他的投资原则。

然而，这并不意味着巴菲特在对待合作伙伴和员工时也同样"抠门"。相反，他始终秉持着以人为本的理念，注重与优秀人才的合作与共赢。尤其是对待合伙人查理·芒格，巴菲特展现出了异常的慷慨与尊重。

他原本打算将购买的飞机命名为"查理·芒格号"，以表达对芒格的敬意和感激之情，被芒格坚决拒绝。但巴菲特还是规定芒格以后只能乘坐这架飞机出行，不得再坐经济舱。通过这些细节，我们可以看出巴菲特在财务管理上的独特智慧：他既能在关键时刻精打细算，为企业节省成本；又能在对待重要合作伙伴时展现出慷慨与尊重，维护企业的和谐氛围。这种既"抠门"又智慧的管理方式，正是伯克希尔能够持续繁荣的重要原因之一。

如何在极端情况下也能赢

解读巴菲特给股东的第 23 封信（1987 年）

1987 年，美国股市继续着牛市征程，伯克希尔·哈撒韦的净资产也实现了 19.5% 的增长，成绩喜人。

一、消费行业与优秀经理人的黄金组合

在 1987 年的股东信中，巴菲特将净资产的增长划分成两个部分，一部分是公司自身内在业绩所带来的增长，另一部分源于资本市场的助力。此外，他还详细复盘了持有的 7 家主要公司，包括《水牛城晚报》、费切海默兄弟公司、柯比公司[1]、内布拉斯加家具城、斯科特·费泽集团、喜诗糖果与世界图书公司[2]。巴菲特将这 7 家公司称为"七圣徒"，它们的净资产回报率超过了 50%，这在当时的市场

---

1 柯比公司成立于 1914 年，由乔治·柯比创办，总部位于美国俄亥俄州的康顿市。最初，柯比公司致力于开发高效的清洁设备。——编者注

2 世界图书公司成立于 1917 年，最初致力于出版印刷版百科全书。随着时间的推移，公司不断扩展其产品线，涵盖多种教育资源。——编者注

环境中极为罕见。

这些公司横跨多个消费领域，巴菲特的收购领域确实五花八门，但仔细观察可以发现其中的一些共性。这些业务通常具备三个显著特点：其一是属于消费行业；其二是所处行业竞争不能过于激烈；其三是拥有优秀的经理人。

而且，这种多元化的布局不仅分散了投资风险，还为伯克希尔带来了稳定的收入来源。巴菲特深知单一行业或单一股票的风险较大，因此他始终坚持多元化的投资策略。他通过收购或持有多家优秀企业，构建了伯克希尔庞大的商业帝国。

巴菲特对消费行业的青睐并非偶然。他认为消费行业具有稳定的需求和持续的潜力。无论经济环境如何变化，人们对基本消费品的需求始终存在。因此，消费行业的企业往往能够穿越经济周期实现稳健增长。

二、生意逻辑与市场情绪

巴菲特的投资哲学深深根植于对生意本质的深刻理解和对市场情绪的独到把握。他强调，真正好的投资并非盲目跟风或追逐短期收益，而是由底层生意逻辑所决定。

巴菲特经常提及的"市场先生"这一概念，源自其恩师本杰明·格雷厄姆。市场先生是一个情绪化的角色，他每天都会出现在你面前，报出一个他愿意买入或卖出股票的价格。这个价格往往受到各种情绪因素的影响，时而乐观时而悲观。巴菲特告诫投资者，要充分利用市场先生的愚蠢行为，在价格低估时果断买入，在价格高估时适时卖出。他强调，市场是服务的对象而非控制者，投资者应成为市场的主人而非奴隶。

巴菲特认为，投资的核心在于掌握两项关键技能：

一是对待市场，要保持冷静和理性，不被市场的短期波动迷惑。

二是给公司做估值，要深入分析企业的基本面，包括财务状况、市场前景、管理团队等，从而准确判断企业的内在价值。他说德州扑克里面有一句名言：如果你已经玩了 20 分钟，还不知道桌上谁是菜鸟，那你就是菜鸟。

巴菲特强调，投资的核心在于有一个好的底层逻辑判断，并且不能受市场影响。市场往往会在短期内偏离企业的真实价值，这是正常现象。投资者需要理解这一点，保持耐心和定力，等待市场回归理性。他引用格雷厄姆的名言"市场短期是投票机，长期才是称重机"来强调长期视角的重要性。

巴菲特指出，他只有在两种情况下才会考虑卖出股票：

一是市场价格实在过于夸张，远远超出了企业的内在价值；

二是出现了更好的投资机会，而手头资金不足。

他强调，投资者不应因为短期收益或持有时间过长而轻易卖出优质股票。只要企业的基本盘良好，净资产回报率令人满意，且股价没有高估，就应该继续持有。

巴菲特还提到了情感因素在投资中的重要性。他表示，对于特别喜欢的生意和经理人，即使股价有所高估，他也可能选择继续持有。这是因为这些企业对他来说不仅仅是投资对象，更像是自己的孩子一样值得珍惜。

三、极端情况下的生存智慧

在债务管理方面，巴菲特展现出了极高的智慧和谨慎态度。他强调，债务管理的核心在于确保在极端恶劣的情况下也能实现可以长期接受的结果，而非在普通情况下追求最佳结果。这一原则体现了巴菲特对风险的深刻理解，他深知**投资是一场无限的游戏，关键在于"每一次都不能死"。**

为了实现这一目标，巴菲特为自己设定了严格的规则：每次下注的亏损不能超过净资产的 2%。这一规则确保了即使在不利的市场环境下，伯克希尔也能保持财务稳定。

巴菲特并非完全不使用杠杆，但他对杠杆的使用有着极高的标准和严格的条件。他认为，**在资产端拥有较高回报的同时，债务端必须保持较低的成本。只有在这两端都达到理想状态时，他才会考虑借钱。**这种理念与马云提出的"修屋顶"理论不谋而合。马云强调，要在天晴的时候修屋顶，以避免下雨时手忙脚乱。巴菲特同样认为，应该在债务成本低的时候借钱，储备资金以备不时之需。当市场出现优质资产且价格合适时，这些储备资金就能发挥巨大作用，帮助伯克希尔抓住投资机会。

巴菲特在债务管理中的另一个重要策略是等待。他相信，**真正的投资机会往往需要长时间的等待和耐心。**在 1987 年，巴菲特借入资金并承受利率倒挂的损失，就是因为他预见了未来 5 年可能出现的重大投资机会。这种长期视角和耐心等待的品质使伯克希尔在市场波动中保持冷静，抓住最佳出手时机。

四、智慧与友情的双重奏

在 1987 年的股东信中，巴菲特多次提到芒格对其投资哲学的影响。他坦言，在遇到芒格之前，自己一直受格雷厄姆的影响，注重寻找便宜股票。但芒格让他意识到，优秀的公司和合理的价格同样重要。这种观念的转变对巴菲特的投资生涯产生了深远的影响，也推动了伯克希尔市值的持续增长。

巴菲特曾多次表示，芒格是他最亲密的朋友和最重要的合作伙伴之一。芒格对巴菲特的尊重和支持也显而易见。在伯克希尔的股权"蛋糕"里，芒格分到的那一块比巴菲特的小得多，但他可从来没把自己当外人，为公司出谋划策，贡献力量。两人之间的这种相互尊重和信任，简直就是伯克希尔的"定海神针"。

时间的玫瑰，要耐心浇灌

解读巴菲特致股东的第 24 封信（1988 年）

1988 年，伯克希尔的净资产实现了 5 个多亿美元的增长，增长率高达 20%。然而巴菲特察觉到，要保持伯克希尔·哈撒韦的高速增长极为困难。在 1984 年的时候，巴菲特曾说如果未来 10 年要实现 15% 的年化回报，伯克希尔需要 39 亿美元的利润。但到了 1988 年，同样是实现未来 10 年 15% 的年化回报率这个目标，却需要 103 亿美元的净利润。随着公司发展，资金体量增大、规模扩张，想要达成这个目标的难度变得非常大。

原因主要有以下几点：其一，股票价格过高，这使得投资成本大幅增加，可选择的优质且价格合理的标的减少；其二，新的企业税率政策降低了大家的投资热情和投入力度，整个投资大环境受到一定影响；其三，想要进行收购时，各类资产价格都太贵，资本市场一片火热，难以找到性价比高的收购对象；其四，他持有的主要公司经过前期的上涨后，上涨潜力已经不足。

巴菲特是一个非常谦逊的人，他宁可低估自己的能力，也绝不夸大其词。他曾有一句名言：真正的人才是没有"EGO"（自我），绝对不自负的人。

一、评估一家公司价值的核心要素

在 1988 年的股东大会上，巴菲特提出需要先梳理清楚几个关键问题：

其一，公司究竟价值几何。这是理解一家公司的基础，只有明确了公司的价值，才能进一步评估其投资潜力等。其二，公司达成目标的可能性有多大。无论是盈利目标还是发展目标等，这一可能性的评估对于判断公司未来走向至关重要。其三，公司的掌舵人或者经理人表现如何。一个优秀的管理者能引领公司走向辉煌，而能力不足的管理者则可能使公司陷入困境，所以这一点不容忽视。他强调这三个问题是讨论清楚一家公司价值的核心要素。

然而，这三个关键问题在财务报表中是无法清晰呈现的，特别是像伯克希尔这样多元化的公司。巴菲特直言仅看财务报表根本无法看透公司到底价值多少，也难以知晓未来能否实现如 100 多亿美元利润这样的目标，以及公司实际表现状况如何。所以，他认为财务报表永远无法反映一个真实的商业世界。虽然读懂财务报表十分重要，但仅仅了解财务报表是远远不足以做好投资的。

在 1988 年的股东大会上，他还提到很多公司的管理层信息披露不充分，审计师也未尽到应尽的责任。他甚至形象地说"吃谁的面包，唱谁的歌"，这意味着审计师有时可能会因为利益相关者等因素而不能客观公正地呈现公司真实情况。所以只看报表，尤其是看管理层和审计师共同"打造"出来的报表，很容易给人一种繁荣的假象。在他看来，很大程度上是因为大量上市公司的董事长和自家会计师勾结，营造出繁荣的幻象来迷惑投资人，而这种虚假繁荣最终是难以持续且需要被揭露和整治的。

所以巴菲特指出，如果投资人尤其是机构投资人、职业投资人，将财务报表里利润的持续增长直接等同于价值创造，那就给了管理层利用财务报表营造虚假幻象的动机。巴菲特曾说过一句非常经典的话："**大家要知道，利用笔杆子投钱可比利用枪杆子投钱容易多了。**"

从 1988 年开始，巴菲特做出了一个重要举措，他首次将公司的利润表和资产负债表按照 4 个业务板块进行讨论。在此之前，他从未以这种方式对财务报表进行拆解分析并基于经营角度展开讨论。而在 1988 年之后，伯克希尔开始以这种新的方式进行剖析。也正因如此，伯克希尔的许多投资人其实不太关注单纯的财务数据或应用数据，而是更看重从业务板块角度进行分析。

二、套利投资的艺术：在不确定中寻找确定

巴菲特一直向他的投资人宣称，投资伯克希尔·哈撒韦采用的是一种"信仰投资法"。这一理念在 1988 年被正式提出。在巴菲特看来，那些不投资伯克希尔·哈撒韦的人采用的是"分析投资法"。

巴菲特认为，对于采用"分析投资法"的人来说，充分的信息披露不可或缺。然而，对于投资伯克希尔·哈撒韦的人而言，相对可以更加纯粹，只需凭借对公司的坚定信仰进行投资。

许多人有一个误解，认为巴菲特从来不做套利投资，其实并非如此。在 1988 年的信中，巴菲特再次强调了套利投资在伯克希尔投资组合中的重要地位。他认为，**套利投资是一种基于机会成本的概率决策**。在 1988 年，伯克希尔·哈撒韦的套利投资回报相当丰厚，投入了 1 亿多美元，收益达到了将近 8000 万美元。

巴菲特认为，评估一件事情能不能套利，就要从这 4 个方面来问自己：事情真实发生的可能性大小、最糟糕的情况会带来多少损失、套利成功最好的情况是什么样，以及整个事情会持续多长时间。

以阿克塔公司与私募基金巨头 KKR[1] 的交易为案例。时间回溯到 1981 年，阿克塔公司，一家主营印刷和林业的企业，宣布了将其整体出售给私募基金巨头 KKR 的计划。这一消息本身并不足以引起巴菲特的特别关注，但交易的背后隐藏着一个关键的套利机会。原来，阿克塔公司还拥有一片未解决征用争议的红木林。这片红木林因政府计划建设国家森林公园而被征用，但双方对于补偿金额和支付方式一直未能达成一致。

巴菲特凭借其敏锐的市场洞察力迅速捕捉到了这一交易背后的潜在价值。他意识到，如果政府最终同意支付更高的补偿金，阿克塔公司的价值将显著提升。而 KKR 提出的收购价格，已经隐含了对这一潜在增值的乐观预期。因此，巴菲特决定深入研究这一交易，寻找套

---

1 KKR（Kohlberg Kravis Roberts & Co.）是一家全球知名的私募股权投资公司，成立于 1976 年，总部位于美国纽约。——编者注

利机会。

在决定投资之前，巴菲特展现了他一贯的严谨态度。他首先确认了交易的真实性，确保这不是一个子虚乌有的消息。通过查阅相关公告和资料，巴菲特发现KKR和阿克塔公司已经披露了详细的交易条款，且KKR具备足够的资金实力来完成收购。这增加了交易确定性的砝码。

接下来，巴菲特评估了交易失败的风险。他认为，即使KKR放弃收购，阿克塔公司仍然有可能找到其他买家。由于阿克塔公司本身具备一定的业务基础和盈利能力，其股价不至于因交易失败而暴跌。因此，巴菲特认为交易失败的风险是可控的。

在考虑了潜在收益和风险之后，巴菲特做出了理性的投资决策。他选择在股价低于KKR收购价时大量买入阿克塔公司的股票。这一决策是基于他对交易确定性的高度信心和对潜在收益的乐观预期。

在实际操作中，巴菲特展现出了高超的时机把握能力和执行力。他利用市场的波动和交易的时间差，在股价上涨至接近KKR收购价时逐步减仓。随着交易的推进和政府的最终补偿决定公布，阿克塔公司的股价大幅上涨。巴菲特成功实现了套利收益，投入的1亿多美元最终收益了近8000万美元。

这还没完，当法院重新评估红木林价值，政府提高补偿金时，他又一次抓住了机会。阿克塔公司因此获得了额外的分红收入，而巴菲特作为股东也分享到了这份收益。

巴菲特在套利投资中展现出了极高的专业素养和纪律性。他从不盲目跟风或听信小道消息，而是始终基于公开信息进行决策。同时，他也非常注重风险控制和时间管理，确保在套利过程中保持冷静和理性。

三、有效市场假说：市场的智慧与我们的应对之道

在 1988 年的股东大会上，巴菲特还深入探讨了有效市场假说[1]这一重要议题。有效市场假说认为市场是有效的，价格反映了所有可用信息，因此投资者无法通过分析信息获得超额收益。

诺贝尔经济学家萨缪尔森就一直批评巴菲特，说他是靠运气。但巴菲特指出，萨缪尔森几乎把自己所有的钱都买了伯克希尔·哈撒韦的股票。为什么呢？因为按照市场有效假说，巴菲特这么多年一直能取得很好的成绩，就证明了他确实会投资。

然而，巴菲特也通过自己的实践证明了市场并非完全有效，优秀的投资者仍能通过深入分析获得超额回报。

巴菲特指出，尽管市场在大多数情况下都是有效的，但并非所有时候都如此。**市场也会犯错，而优秀的投资者能够抓住这些错误带来的机会。**巴菲特也提醒我们不要高估自己的能力，认为自己是那个"特殊的人"。巴菲特一直强调谦虚、不自负、有纪律才是交易的核心，交易绝不是随意选择的。他认为即使是套利，一年甚至两年可能

---

1 有效市场假说是金融经济学中的一个重要理论，提出了市场价格反映所有可用信息的观点。该假说认为，在一个有效市场中，股票和其他金融资产的价格总是准确地反映其内在价值，因此，投资者无法通过分析或其他方式系统性地超越市场表现。——编者注

也只有那么一次机会。

通过讨论有效市场假说，巴菲特不仅展现了他对市场机制的深刻理解，也为我们提供了应对市场变化的策略。他认为投资者应该像侦探一样，不断寻找市场中的错误和机会；同时又要像医生一样，冷静、理性地分析潜在的风险和收益。这种角色定位不仅有助于投资者在市场中获得更好的回报，也有助于提升整个市场的效率和公平性。

穿透利润，看透赚钱的本质

解读巴菲特给股东的第 25 封信（1989 年）

1989 年，伯克希尔·哈撒韦的净资产增长达到了惊人的 44.4%。这一显著增长的根本原因在于当年美国处于牛市，标普 500 指数上涨了 27.25%。

一、递延税的魅力

在这一年，巴菲特提出了"穿透利润"的概念，这一创新视角颠覆了传统利润计算的边界。所谓穿透利润，不仅仅局限于公司自身的运营利润，更将持有的上市公司股票所对应的留存利润纳入考量范围。鉴于巴菲特认为伯克希尔已经是一家投资公司，所以投资股票所对应的利润必须纳入考量，而这些利润同样应计入公司的内在价值增值之中。因此，巴菲特强调，若要实现每年 15% 的内在价值增长目标，穿透利润也需同步增长。

同时在 1989 年的致股东信中，巴菲特还首次提及了**递延税**[1]这一枯燥却至关重要的财务概念。这一年，伯克希尔缴纳了高达 7 亿美元的税费，其中 5.4 亿美元因股票未实现收益而递延。这一现象不仅揭示了美国税法的复杂性，更深刻反映了递延税对长期投资的巨大激励作用。

巴菲特举了个例子来说明。假设伯克希尔用 1 亿美元买入一只股票，一年后翻倍并卖掉；之后在接下来的 19 年里，每年都重复这样的操作，到第 20 年时，按照 34% 的资本利得税计算，给政府缴纳的税款总计达 13000 美元，而自己挣到的钱是 25000 美元。

但是，巴菲特又说，如果只进行一次投资，股票每年翻倍但一直不卖，到第 20 年的时候，1 亿美元就变成了 100 万美元。如果在第 20 年兑现时，按照 34% 的税率计算，需要支付给政府 36 万美元，而公司能获得 69 万美元。这就说明在相同的投资结果下，长期持有不卖相比频繁买卖能获得更多的实际收益。这两者情况对比悬殊，原因就在于美国政府的递延税政策在一定程度上鼓励长期持有。

巴菲特也解释说，并非一定要长期持有，如果短期投资能实现更好的税收回报，当然可以切换投资。但伯克希尔倾向于长期投资，因为随着资金规模增大，找到好的投资机会越发困难。另外，相较于追求一点点收益率的提高，他更愿意和自己欣赏、认可的人一起做生意。这也解释了为什么像可口可乐、喜诗糖果等股票，即便涨幅不高

---

1 递延税是指在会计和税务处理之间，由于会计准则和税法的不同，导致的暂时性差异，从而产生的未来税务负担或资产。递延税主要分为递延所得税资产和递延所得税负债两类。——编者注

或者多年没涨，他也不卖。一方面是他觉得很难找到比可口可乐更好的生意；另一方面，和有能力且自己认可的人一起工作比单纯挣一点钱更重要。

巴菲特首次深入阐述了他不喜欢频繁卖出股票的原因，他指出，**递延税是他倾向于长期持有股票的重要原因之一。**当股票未实现收益时，相关的资本利得税可以递延至未来某个时点缴纳，这相当于政府为投资者提供了一笔"无息贷款"。通过长期持有股票，能够保留更多资金用于再投资，享受复利增长的好处，而不是将利润提前用于缴纳税款。这不仅增加了伯克希尔的财务灵活性，也强化了巴菲特对长期投资的信念。

随着伯克希尔的资金规模不断扩大，巴菲特意识到找到比现有持仓更优质的投资机会变得越来越难。以可口可乐为例，巴菲特认为，要找到一个能够替代可口可乐且预期收益率更高的投资项目并非易事。因此，他更倾向于保持对优质企业的长期持有，而不是频繁交易以追求短期利润。

此外，对长期增长潜力的信心、对管理团队的认可、对收益率提升的相对忽视等，这些因素共同构成了巴菲特不喜欢频繁卖出股票的原因。

二、从错误中成长

经验往往是人的老师，不过在积累经验的过程中也伴随着许多痛苦。巴菲特曾说过一句很有深意的话，他认为，**最好的方式是从别人的痛苦经验中学习，而不是自己去经历挫折吃亏后才获得经验。**

在回顾过去 25 年的投资历程时，巴菲特展现出了非凡的自省精神。他回顾了自己执掌伯克希尔·哈撒韦 25 年以来的教训，在当时美国处于超级牛市的阶段，他没有沉浸在自己的辉煌成就中，反而是选择反思过去。

1. 买好生意胜过"捡烟头"

巴菲特早年从本杰明·格雷厄姆身上学会了"捡烟头"的投资策略——以极低的价格买入看似被市场遗弃的股票。然而，随着经验的积累，巴菲特逐渐意识到，这种策略虽然能在短期内带来利润，但长期来看难以持续。对此，他说了一句很形象的话：厨房里面永远不会只有一只蟑螂的，如果是一间脏厨房，每天都要抓蟑螂。这就像一个经营困难的企业，问题会层出不穷。

因此，他转而强调购买优质企业的重要性。这一转变不仅提升了伯克希尔的投资业绩，更为我们指明了投资的方向——寻找并持有那些具有持续竞争优势的企业。

2. 事比人强，但人也不可或缺

一个好的骑手配上一匹好马就能有好的业绩，但大多数情况下，好的骑手遇到的是一匹破烂的老马，那便难以有所作为。他以伯克希尔的纺织厂和摩尔百货商店[1]为例，他说他找的那些人都是有能力的，但如果处于一个烂生意中，就如同在流沙里奔跑，最终只能被流沙掩埋。所以一定要记住，好的经理人不要去涉足烂生意，因为绝大

---

1 摩尔百货商店成立于 19 世纪末或 20 世纪初，起初以地方性的百货商店形式运营。随着时间的推移，摩尔百货商店逐渐发展壮大，成为一家知名的零售连锁店，在多个城市设有分店。——编者注

多数能力强的人在烂生意里都会被消磨殆尽，甚至开始怀疑人生。

3. 一定要挑简单的事情做

巴菲特认为在过去 25 年，伯克希尔收购了各种各样的公司，有一点可以确定的是，不要沾上一些复杂困难的问题。因为他在收购了众多公司后发现，其实很难学会怎么去解决那些特别困难的问题，所以最好的办法就是不要去沾染。在这里，巴菲特说了一句特别经典的名言：**要专注于找到一英尺高的栏去跨，而不是一直去练习怎么跨七英尺高的栏。**他还幽默地说：**避开恶龙相对容易，屠杀恶龙特别难。**因此，当你遇到一条恶龙时，避开它，千万不要想着怎么屠杀它，并且强调说这就是做生意的核心。

4. 警惕机构强迫症和人的惯性

惯性就如同牛顿第一定律一样，人们会抵抗任何改变现有方向的变化。

巴菲特指出，无论是机构还是个人，都容易陷入一种惯性思维中，难以摆脱现有的舒适区。他提醒我们，要时刻保持警惕，避免被惯性思维束缚。同时，他还强调了独立思考的重要性，鼓励我们在面对复杂问题时保持清醒的头脑和独立的判断。

是不是确实如此呢？有些人总在宣扬自己多么厉害，结果让竞争对手或同行也产生了效仿的念头。巴菲特表示，伯克希尔为了抵御这种"魔鬼强迫症"以及人的惯性，只能不断让自身保持最小化规模，人员尽可能精减。只有这样，才能抵御这种惯性带来的不良影响。

5. 远离烂人

巴菲特强调，在投资过程中要远离那些人品有问题的人。他指出，与烂人合作不仅无法带来好的投资回报，还可能引发一系列麻烦和风险。因此，**永远不要和一头猪摔跤，永远不要试图和一个坏人达成一个好交易。**

6. 最大的错误是错过

巴菲特认为，投资者最大的错误往往不是选错了股票或做错了决策，而是错过了那些绝佳的投资机会。他坦诚地分享了自己错过沃尔玛和谷歌的经历，并提醒我们要珍惜每一次投资机会，然后果断出击。同时，他也强调了持续学习和提升自我认知的重要性，以便更好地把握未来的投资机会。

巴菲特和普通投资者最大的区别之一，就是不仅仅看数据和表象，而是深刻思考和底层逻辑相关的事情。这种看透本质的能力，让他能够在投资市场上无往不利。

市场波动中的投资智慧

─────────

恐惧是跟风者的敌人，

是价值投资信奉者的朋友

PART

03

1990—1999 年（60—69 岁）

巴菲特的投资生涯经历了重要转折。面对20 世纪 90 年代末的科技股泡沫，他坚守不投资科技股的原则，导致伯克希尔·哈撒韦公司的股价在短期内承压。然而，随着泡沫的破灭，巴菲特的稳健策略得到验证，伯克希尔的股价随后迎来显著回升。

在此期间，巴菲特凭借对富国银行和可口可乐等蓝筹股的精准投资，实现了财富的显著增长，再次证明了其长期投资、价值发现以及高度重视公司盈利能力的投资哲学。尽管在德克斯特鞋业等个别投资上遭遇挫折、科技股泡沫带来了市场压力，巴菲特都能从中吸取教训，不断修正和完善自己的投资策略。

这一阶段不仅是巴菲特巩固其投资传奇地位的关键时期，更是他通过实践与学习，不断深化投资智慧、丰富投资经验的宝贵时期。

下跌是利好，上涨是利空

解读巴菲特给股东的第 26 封信（1990 年）

1990 年，伯克希尔·哈撒韦的净资产增长了 3.6 亿美元，增长率仅为 7.3%，远低于其 26 年来的平均复合增长率 23.2%。这一数字的背后，隐藏着怎样的市场逻辑？面对突然的低迷，巴菲特又是怎么应对的？

一、优秀管理层的力量

1990 年，美国股市牛市渐入尾声，市场热情消退，巴菲特手中的蓝筹股如可口可乐、GEICO、《华盛顿邮报》及大都会广播等几大重仓公司股价上涨乏力。面对此景，巴菲特并未故步自封，而是积极寻找新的投资目标。尽管银行股通常被视为高风险领域，富国银行[1]凭借其独特魅力吸引了巴菲特的注意。

---

1 富国银行是一家总部位于美国加利福尼亚州旧金山的金融服务公司，成立于 1852 年。它是美国最大的银行之一，提供全面的金融服务，包括个人银行、商业银行、投资服务、抵押贷款、保险等。——编者注

巴菲特在投资银行时一向非常谨慎，他深知银行的高杠杆特性虽具挑战性，一旦出现失误，损失就会非常大。他认为，投资银行股不能仅看低 PE，而是主要看管理层的素质与企业的稳健性。巴菲特之所以选择投资富国银行，是因为他非常熟悉富国银行的管理。在他看来，富国银行管理层具有四个优秀特质：

第一，能力互补，团队文化积极向上。富国银行的管理团队成员间能力高度互补，形成强大的协同效应，无论是专业技能还是决策风格都相得益彰。同时，管理层间有着深厚的信任与尊重。这都使得团队在面对复杂挑战时能够迅速应对，找到最佳解决方案。

第二，重视员工福祉，招聘标准严苛。公司为员工提供优厚的待遇和完善的福利体系，不仅体现了对员工价值的认可，也增强了员工的忠诚度和工作动力。在招聘上，富国银行坚持高标准、严要求，致力于打造精英团队，为企业的长远发展奠定人才基础。

第三，管理层坚持稳健经营，注重成本控制。无论市场是繁荣还是低迷，富国银行都保持理性，不盲目追求短期利润，着眼于企业的长期稳健发展。管理层每年深入讨论成本控制与运营效率提升策略，通过优化业务流程、降低运营成本来保持市场竞争力。

第四，富国银行专注于核心领域，避免盲目扩张。管理层深知企业资源有限，必须集中力量于擅长领域。他们不轻易涉足不熟悉或高风险领域，而是通过深耕细作巩固市场地位。这种专注与自律使得富国银行在复杂多变的市场环境中保持稳健步伐。对此，巴菲特特别喜欢 IBM 的托马斯·沃森说过的一句名言："我不是天才，但我在某些方面很聪明，我就一直待在这些地方。"

二、逆市抄底的投资艺术

在伯克希尔的投资历程中，巴菲特对富国银行的投资无疑是一个经典案例。巴菲特以 5 倍 PE 的估值购买了该公司 10% 的股份，价值 2.9 亿美元，这一举动相当于他用 100% 的资金购买了一家价值 50 亿美元的公司。这一决策的背后，是巴菲特对富国银行深入研究和全面评估的结果。

当时，整个银行业笼罩在一片恐慌之中，投资者对富国银行也充满了担忧。巴菲特敏锐地意识到，这些恐慌情绪背后隐藏着投资机会，但他并未盲目行动，而是对恐慌的原因进行了深入分析：

当时市场担忧的三大风险是地震、金融风暴和房地产崩盘。对于地震风险，大家担心的是富国银行会遭遇借款人不还款，但巴菲特认为其可控性较高，且可通过保险等手段进行有效管理；由于银行是高杠杆投资，一旦发生金融风暴就会造成很严重的损失，但巴菲特相信，只要银行管理得当，有足够的资本储备，便能抵御风暴的冲击；因为富国银行的主要客户是房地产，所以房地产崩盘也是一大重要风险，但巴菲特通过详尽的财务分析发现，富国银行已计提了充足的贷款损失准备金，当时富国银行的税前利润超过 10 亿美元，且已计提 3 亿美元贷款损失，即便房地产崩盘，再损失本金的 30%，银行也能盈亏平衡。

经过这些分析后，巴菲特认为富国银行是一家下行风险较低的公司，所以就开始等待市场波动的机会。在他关注富国银行的期间，富国银行的股价在几个月内又下跌了50%。此时，巴菲特认为富国银行已经很便宜了，于是果断出手买入，从而成功实现了逆市抄底。

巴菲特的投资哲学在此次投资中得到了充分体现。他一直以平静的心态等待市场波动带来的机会，而不是盲目跟风或恐慌抛售。

同时，他注重对企业的深入研究和全面评估，特别是对企业管理层能力、企业文化、财务状况等方面的考察。正是这些因素的共同作用，使得巴菲特能够在市场恐慌中找到真正的投资机会，并成功捕获富国银行这只"黑天鹅"。

三、下跌是利好，上涨是利空

在巴菲特的投资哲学中，与大多数人在股票价格上涨时情绪高涨、下跌时失望不同，巴菲特认为下跌是利好、上涨是利空，购买股票的最佳时机是行业、宏观和公司三重悲观叠加的时候。他认为，导致股价下跌的最常见原因是市场的悲观情绪，而这种悲观情绪往往孕育着投资机会。当市场陷入恐慌时，正是价值投资者出手的好时机。相反，当股价持续上涨时，投资者应保持警惕，因为市场可能已经过热，风险正在累积。

巴菲特强调，在寻找投资机会时，要理性分析宏观环境、行业趋势和公司基本面等多重因素。只有当宏观悲观、行业悲观和公司悲观三重因素叠加时，才可能出现真正的抄底机会。此时出手不仅风险较低而且收益潜力巨大。

同时，巴菲特也提醒投资者要警惕所谓的"非共识投资"陷阱。

他认为好的投资机会并非总是出现在市场一致看空的时候，有时从众投资和非共识投资一样愚蠢。如果仅仅是一个股票或公司不受欢迎就去投资，这不是抄底，也不是明智的投资，好的机会来自悲观之时，但悲观时未必一定都是好机会，关键还是在于理性思考和独立判断。

对此，巴菲特在信中说："真正重要的是独立思考而不是投票表决，不幸的是伯特兰·罗素对于人性的观察同样也适用于财务投资之上——'**大多数的人宁愿死也不愿意去思考**'。"

在市场的波动中寻找那些被低估的优秀企业，并以合理的价格买入，然后耐心等待其价值回归。这一过程虽然充满挑战，但这正是价值投资的魅力所在，也是巴菲特在对投资的思考中，一个很重要的启发。

懒散有钱人变富，活跃者资产流失

解读巴菲特给股东的第 27 封信（1991 年）

1991 年，可口可乐的市值已经占据了巴菲特投资组合的一半。这一惊人比例的背后，是巴菲特对可口可乐品牌力、市场份额及持续增长潜力的极度信任。他坚信，只有集中投资于真正优秀的企业，才能实现财富的长期增值。

这表明随着伯克希尔规模的扩大，投资机会减少，范围变窄。当资产达到一定规模时，获得相同回报率所需的规模也就更大。所以，在 1990 年、1991 年，巴菲特投资减少，更多是在对投资机会相关的问题进行思考。

一、怎样发现投资机会

在探讨如何发现投资机会时，巴菲特提供了一套深刻且实用的思考框架，这不仅适用于专业投资者，对个人理财也有着重要指导意义。以下是根据巴菲特在股东大会上的讨论整理出的几个关键步骤和原则：

首先，巴菲特强调了设定一个合理的年化回报率期望的重要性。将年化回报率期望设定为 15%，符合许多投资者的期望。先设定这样的目标，有助于投资者在寻找投资机会时保持清晰的方向和动力。

之后，根据自己手中的净资产来计算所需的盈利目标。例如，如果手中有 2000 万美元，且希望实现 15% 的年化回报率，那么每年就需要盈利 300 万美元。这一步骤帮助投资者将抽象的目标转化为具体的数值，从而更好地规划投资策略。

然后，再根据每个投资的公司可能提供的回报率，计算需要寻找的投资项目数量，进行分散投资，让其与回报期望相匹配。比如，如果每个投资项目能提供 5% 的回报率，那么为了达到 15% 的总回报率目标，投资者需要找到三个各能提供 100 万美元利润的投资项目。这一思路不仅强调了分散投资的重要性，也提醒投资者在追求高回报时，要注意控制风险，通过多元化投资来平衡收益与风险。

再然后，巴菲特鼓励投资者积极寻找并评估投资机会。投资者应该在任何可能出现 100 万美元投资机会的地方进行广泛搜索。保持敏锐的市场洞察力，不断关注市场动态，以便及时捕捉有价值的投资机会。

巴菲特认为，我们每个人都是一个控股公司。投资者应该关注长期利润贡献，而不是短期市场波动，应该以更加全面和长远的视角来审视自己的投资组合。短期的市场波动并不重要，重要的是长期的投资回报，因为最终需要关注的还是整体的利润情况。单个投资的亏损以及短期内是否出售公司，并不十分重要，重要的是寻求 10 年周期内最能贡献利润的组合。他鼓励投资者像棒球运动员一样，专注于场地上的跑圈，而不是盯着积分卡。这种长期主义的投资理念是巴菲特成功的关键之一。巴菲特的名言**"懒散的有钱人会变得更有钱，而活跃的有钱人的资产在流失"**深刻揭示了投资的真谛。

这一年，巴菲特还提到了经济学家凯恩斯股票爆仓[1]的教训。凯恩斯在爆仓后反思道："我就是太活跃了。"这一教训让巴菲特更加坚定了自己的耐心投资策略。他强调指出：任何时候你特别有信心买入的公司都不应该超过 2 到 3 个。这种集中持股、长期持有的策略正是巴菲特能够在投资领域取得巨大成功的重要原因之一。

二、好生意与普通生意

在探讨投资策略时，巴菲特强调区分"好生意"与"普通生意"的重要性。他认为，选择正确的生意类型是投资成功的关键。

好生意具有以下特征：

1. 高度需求与渴望

好生意的产品或服务是被广泛需求，甚至渴望的。例如，英伟达、茅台、LV 和苹果等公司，它们的产品或服务在市场上拥有强大的吸引力和忠诚度。

2. 产品的不可替代性

当消费者认为你的产品或服务没有相类似的替代品的时候，无形

---

[1] 凯恩斯在 1929 年股市崩盘之前进行了大量投资，尤其是他在美国股票市场的投资。在崩盘发生时，他的投资损失惨重。——编者注

中就赋予了企业强大的市场地位和定价权。

3. 具有定价权

好生意具备定价权，能够定期涨价而不失去市场份额。这种能力使得企业能够保持高资本回报率，并在经济波动中保持盈利稳定性。

4. 好的管理层

即便管理层发生变动，好生意也能保持稳健运营。巴菲特形象地比喻说，即便是让"猪"来管理，这样的生意也不会受到致命打击。

5. 经得起犯错

查理·芒格补充指出，经得起犯错是好生意竞争力强的标志。这意味着即便企业偶尔犯错，也不会对其长期价值造成毁灭性影响。

相应地，普通生意也有一些共同特征：

1. 依赖低成本运营

普通生意要想获得特别利润，通常依赖于低成本运营。然而，特别是在竞争激烈的市场环境中，这种优势往往难以长期维持。

2. 供给短缺的依赖性

在产品和服务供给端特别短缺时，低成本运营的公司可能获得短暂的高利润。但这种短缺状态难以持久，且容易受到市场变化的影响。

3. 过于依赖管理层

普通生意对管理层的依赖程度更高。如果管理层能力不足或发生变动，企业的盈利能力可能迅速下降，甚至面临生存危机。

4. 高风险与低回报

相对于好生意而言，普通生意往往面临更高的经营风险和更低的资本回报率。投资者在选择这类生意时需要更加谨慎。

巴菲特将可口可乐视为好生意的典型代表，而 GEICO 保险公司虽然比普通生意稍强一些，但并未达到好生意的标准。

巴菲特的投资哲学强调了在选择投资机会时区分好生意与普通生意的重要性。通过识别并投资于那些具备高度需求、独特性、定价权以及经得起犯错特质的好生意，投资者可以取得最大化长期回报并降低风险。

三、行业差异与增长潜力的考量

在 1991 年的股东大会上，巴菲特分享了他的估值理论。他认为，一家公司如果每年能增长 6%，且处于好行业，可以给予 25 倍的税后利润 PE；而处于差行业的公司，则只能给予 10 倍的 PE。这一理论简洁而深刻，揭示了巴菲特对好行业与好企业的独到见解。

在巴菲特看来，好行业应该具备持续增长的潜力和稳定的竞争格局。这样的行业能够为企业提供广阔的发展空间和稳定的利润来源。好企业则应该具备强大的品牌力、独特的竞争优势和高额的资本回报率。这些特质使得企业能够在激烈的市场竞争中脱颖而出，实现持续增长。

巴菲特以喜诗糖果为例，进一步阐述了高 PE 企业的特质。他指出，从 1972 年到 1991 年，他向喜诗糖果总计只投入了 1800 万美元，但累计分红高达 4.1 亿美元。这种钱生钱的能力正是喜诗糖果能够享受高 PE 的关键所在。

巴菲特的投资智慧不仅仅体现在他的投资决策上，更蕴含着他独特的人生哲学。他对集中投资、长期持有、耐心等待以及深入研究等原则的信念，不仅帮助他在投资领域取得了巨大成功，更为许多人追求财富和幸福的方式提供了重要的启发意义。

在能力圈范围内寻找投资机会

解读巴菲特给股东的第 28 封信（1992 年）

　　1992 年，对于伯克希尔·哈撒韦公司及其掌舵人巴菲特而言，是一个充满意义的年份。这一年，伯克希尔每股净资产增长了 20.3%；也是从这一年开始，巴菲特开始用每股净资产的增长替代整体净资产的增长作为衡量公司业绩的关键指标。这一转变不仅标志着伯克希尔投资策略的深化，也反映了巴菲特对创造长期价值的执着追求。

一、巴菲特的"无聊"艺术

　　1992 年，巴菲特的投资决策显得颇为"低调"，全年仅进行了 4 次股票交易，增持富国银行、健力士啤酒、房利美[1]股票，并新购

1　房利美（Federal National Mortgage Association，简称 Fannie Mae）是美国政府支持的企业，主要目的是为住房贷款市场提供流动性。它通过购买抵押贷款并打包成证券出售给投资者来支持美国的房贷市场。房利美在美国住房金融市场中起到了关键的支持作用。——编者注

通用动力[1]股份。外界对此感到好奇甚至质疑，认为巴菲特这一年很"无聊"。然而，这背后反映了他成熟且稳健的投资策略。

自 1977 年起，巴菲特的投资哲学逐渐形成。他倾向于长期持有优质资产，而非频繁交易。他深谙市场真谛，明白真正的投资机会稀少，且往往出现在市场情绪极端之时。因此，他选择耐心等待最佳出手时机。

1992 年的市场环境对巴菲特提出了新挑战。伯克希尔规模扩大，限制了投资选择范围，同时市场上优质资产价格高企，流动性溢价使得低价优质股难觅。在此背景下，巴菲特坚持策略，仅在确信找到具有安全边际的标的时才出手，全年仅 4 次交易。

此外，巴菲特的投资标准也随市场环境变化而调整。1971 年，他强调"价格非常有吸引力"，而到 1992 年则放宽为"价格有吸引力"。这反映出市场成熟和公司规模扩大后，寻找极度低价标的的难度有所增加。

综上可见，巴菲特一年 4 次交易并非无聊或缺乏机会，而是基于其深邃的投资洞察和稳健策略。他耐心等待，精准出击，这种耐心与冷静正是其投资传奇的基石。

---

1 通用动力公司（General Dynamics Corporation）是一家美国领先的航空航天和国防公司，业务涵盖军用与商用航空、战舰建造、陆地系统、信息技术和导弹系统等领域。通用动力公司成立于 1952 年，总部位于弗吉尼亚州，主要为美国政府（尤其是国防部）提供服务，同时也向国际客户提供产品和服务。——编者注

二、摒弃标签，追求真实回报

1992 年股东大会上，巴菲特对"价值投资"进行了深刻阐述。他认为，将投资分为价值投资与成长型投资是一种错误归类，甚至说这是一种"脑子乱掉了"的归类，因为所有投资终极目标均是价值增值。成长投资概念实为伪命题，**投资本质在于寻求资产增值，不应拘泥于特定的估值方法，关键是要找到能够长期盈利的生意。**

他反对将自身投资方式简单定义为"价值投资"，认为"价值"一词在投资中多余，核心在于以低于资产内在价值的价格购入，期待未来增值。巴菲特明确指出，高价买入以期更高价卖出的行为实为投机，并非真正投资，且投机难以成就长期财富积累。

他进一步阐释，价值投资并非局限于市盈率、市净率等表面指标，关键在于深入理解企业的内在价值，寻找并把握具有安全边际的投资机会。无论采用何种估值方法，关键在于准确评估企业价值，以合理价格购入。

巴菲特特别青睐"无须额外投资"的企业。这类公司能以少量资本创造高额回报，拥有稳固的竞争优势和稳定的现金流，长期为股东创造价值。相反，依赖持续资本投入维持增长的企业风险较高，回报有限。

总之，巴菲特对价值投资的重新定义启示了投资者：应聚焦企业内在价值与长期发展，而非短期波动；警惕高资本需求行业；优选现金流稳定、竞争力强的企业；保持理性与耐心，等待最佳投资机会。

这些原则为投资者指明了稳健增值的路径。

三、模糊估值与安全边际

在估值问题上，巴菲特展现了他独特的"模糊估值"艺术。他称自己从未真正用过复杂的现金流折现模型来精确计算公司的价值，而是更倾向于在自己的能力圈范围内寻找具有安全边际的投资机会。

"如果一个机会还需要算，你就不要做了。"巴菲特的这句话听起来有些极端，但道出了他投资哲学的精髓——简单而有效。在他看来，只要理解公司的生意模式、管理层素质和市场价格，就能大致判断出其投资价值。至于具体的数字计算，反而可能让人陷入不必要的细节之中。

同时，巴菲特强调了安全边际的重要性。他认为，安全边际是投资的基石，它能够为投资者提供足够的保护垫，以应对不可预见的风险。正如他在购买《华盛顿邮报》和富国银行时所做的那样，通过等待市场出现极端情况，以远低于合理价位的价格买入优质资产，从而确保了投资的安全性和盈利性。

巴菲特表示，1972年他买《华盛顿邮报》的价格是它合理价格的1/4。在1990年他购买富国银行时，价格是它的一半。这说明安全边际在实际操作中的重要性。他强调，投资者在寻找投资机会时，应时刻关注市场价格与内在价值之间的偏差，寻找那些具有足够安全边际的投资标的。

四、二级市场是由蠢人定价的

在伯克希尔的股东大会上，巴菲特对于"为什么不打新股"的问题给出了详细而深入的解答。

巴菲特首先指出，新股的定价机制与二级市场截然不同。新股的发行价格由控股股东和企业决定，他们往往会在市场状况最佳时选择发行，以最大化融资额。这意味着投资者很难在新股发行时获得折扣或优惠价格，反而可能面临被"割韭菜"的风险。

相比之下，巴菲特更青睐二级市场。他认为二级市场由众多情绪化的投资者定价，价格往往会出现大幅波动，这为投资者提供了低价买入优质资产的机会。

"二级市场是由蠢人定价的。"巴菲特以略带调侃的语气形容二级市场的投资者情绪化的特点。他强调，正是这种情绪化导致价格出现偏差，为理性投资者提供了捡漏的机会。

巴菲特还表达了对许多企业管理层在财务报表披露方面的不信任。他认为，尽管美国的企业管理规范性较高，但管理层在披露财务报表时往往会有所保留甚至夸大其词，这使得投资者难以获得真实准确的信息。他特别提到了股票期权在会计记账中的处理方式，认为管理层不愿意将股票期权的成本计入利润表，从而虚增利润，损害了股东和期权持有者的利益。

综上，我们可以看到他在投资决策中始终保持着清醒的头脑和独立的判断力。他不受市场情绪的影响，不盲目跟风打新，而是坚守自己的投资原则和策略，在二级市场中寻找真正的投资机会。这种理性和稳健的投资态度值得我们每一个投资者学习和借鉴。

摒弃空洞的标签，追求真实的经济回报；在自己的能力圈范围内寻找投资机会，并保持足够的安全边际；警惕市场博弈的复杂性，并专注于寻找被低估的优质资产。这是我们从巴菲特身上应该学到的投资哲学。

得意布局后的惨痛教训

解读巴菲特给股东的第 29 封信（1993 年）

在投资界，巴菲特的名字几乎等同于智慧与成功的代名词。然而，即便是这位投资巨擘，也有过得意忘形后的深刻反思和宝贵教训。这些事情，都被他写在了 1993 年致股东的信中。

一、从"七圣徒"到制鞋业的滑铁卢

在投资界，巴菲特提出著名的"七圣徒"称谓，那是他最为得意的七大重仓股，且每一笔投资都精准无比，为他带来了丰厚的回报。然而，在这辉煌的背后，巴菲特也犯下了不少错误，尤其是在制鞋业上的连续失误，成为他投资生涯中一段难忘的教训。

1991 年至 1992 年间，巴菲特仿佛被制鞋业深深吸引，接连收购了两家制鞋公司。因为前两年制鞋业投资的成功，1993 年，他更是宣布再次重金下注，花费 4.33 亿美元收购了一家制鞋公司。然而，好景不长，仅仅过了 6 年，到 1999 年，这家公司便因美国制鞋业整体受到外国制造的冲击而面临清算。巴菲特的这笔投资几乎血本无归。

更为讽刺的是，巴菲特当时并非使用现金收购，而是发行了伯克希尔公司的股票。按照 2020 年的股价计算，这笔交易相当于巴菲特用 60 亿美元买下了这家公司。

这一惨痛教训让巴菲特深刻意识到，在投资决策中，现金的珍贵与股票换股的潜在风险。巴菲特因此强调，**现金是企业运营的血液，是企业应对突发风险和抓住机遇的关键。**他建议所有投资者都应保持足够的现金储备，以应对市场波动和行业变革。

制鞋业的失败并未让巴菲特一蹶不振，反而激发了他更深入的思考和更谨慎的行动。他开始更加关注那些具有长期竞争优势、能够抵御行业变革的企业，如可口可乐、苹果等。这些企业不仅拥有强大的品牌力和市场地位，还具备不断创新和适应变化的能力。巴菲特的投资组合也因此变得更加集中和高效。

二、集中投资与分散投资的艺术

在投资界，集中投资与分散投资一直是争论不休的话题。巴菲特无疑是集中投资的坚定拥趸，他认为只有集中投资才能有效降低风险，并将收益最大化。然而，这一观点与学院派的分散投资理论截然相反，巴菲特是如何在两者之间找到平衡的呢？

巴菲特在 1993 年的股东大会上，详细阐述了他的集中投资理念。有人质疑他在 1993 年对可口可乐的投资比例过高，过于集中。巴菲特和芒格都反对分散投资的观点，他们认为，随着投资体量的增大，做出正确决策的难度也随之增加，且投资优质公司的可能性也增大。集中投资才能降低风险。巴菲特以《华盛顿邮报》为例，说明应等待公司出现风险导致股价大跌时再买入，而不是通过分散投资来对冲风险。因此，他更倾向于将资金集中在少数几家具有长期竞争优势的公司上，而不是分散投资于众多平庸的企业。

巴菲特以可口可乐为例，阐述了集中投资的魅力。从1919年上市至今，可口可乐虽然面临激烈的市场竞争，但其销量增长了50倍，股价也随之飙升。可口可乐股票在1919年上市时价格为40美元，到了1938年已经成为家喻户晓的品牌，每年销量达到2亿箱。也就是说，如果你在1919年购买一股可口可乐股票，到1938年分红可达到3000美元，到了1993年可达25000美元。这样的增长幅度，正是集中投资的魅力所在。巴菲特借此强调，投资需要耐心，对于优质生意，应在合理价格的范围内长期持有。他认为，当价格在价值的50%上下波动时属于合理范围，但如果价格过多偏离这个范围，则应考虑卖出。

然而，巴菲特也并非盲目集中投资，而是基于深刻洞察和严谨分析。他通过寻找皇冠上的明珠，实现了收益与风险的完美平衡。他强调，集中投资的前提是找到真正具有长期竞争优势的公司，并且买入价格要有足够的安全边际。他认为不应关注公司的历史价格，而应关注当前价格以及是否有足够的安全边际来保障本金。对于那些变化过快、难以预测的行业和公司，他则选择敬而远之。为此，他幽默地说："当一个投资机会显而易见时，为什么还要费事去干草堆里扒拉一根针呢？"

巴菲特在股东大会的讨论中，发表了一段关于投资难度的见解，并给出了针对普通投资者的建议。巴菲特通过赌场的例子来阐述这一策略：在赌场中，随着赌博次数的增加，个人的输赢会逐渐趋近于赌场的概率期望。类似地，在投资市场中，如果投资者想要跟随整个市场的趋势（尤其是当看好某个国家的市场前景时），他们应该采取一种分散投资的方式，即购买足够多且相互之间关联性不强的股票。这样做的好处是，投资者的整体投资组合能够更好地反映市场的整体表现，降低单一股票带来的风险，从而与市场的增长同频。

对于投资决策，巴菲特总结为：**如果对公司非常了解，应集中投资；如果完全不了解，应投资指数基金；如果部分了解，则可进行组合投资，选择5—10家具有长期竞争优势的公司。**

他还指出，企业的风险在于生意的不确定性，而非股价波动。投资的本质在于寻找确定性，如果找不到确定性，就只能像华尔街分析师一样计算概率和期望收益。不仅如此，还要考虑公司的管理层是否可靠，是否以股东利益为导向，以及通货膨胀等因素。像可口可乐和吉利这样的公司，其品牌、产品力和分销渠道等优势明显，风险较低，无须复杂建模即可判断。

三、后巴菲特时代的持续发展

除了投资智慧外，巴菲特在企业治理方面的远见卓识同样令人钦佩。在股东大会接近尾声时，有投资者提出了一个尖锐的问题：如果巴菲特去世了，伯克希尔将如何治理？

面对这一问题，巴菲特展现出了他作为企业领袖的深邃洞见。他提出了三种可能的治理模式：董事会领导制、控股股东经营制以及控股股东不参与公司管理制。通过逐一分析这三种模式的优缺点，巴菲特最终倾向于选择第三种模式。

巴菲特认为，伯克希尔有一个控股股东，但该控股股东不直接参与公司日常管理，而是通过外部董事对管理层进行监督。外部董事可以更加客观地评估管理层的表现，并在必要时向控股股东反映问题、采取行动。控股股东不直接参与公司管理，减少了与管理层之间的潜在利益冲突。在控股股东聪明且自信的情况下，能够迅速响应外部董事的建议，采取必要的治理措施。

巴菲特指出，他实际上已经采取了这种模式，因为他太太和儿子都在董事会中，但不参与公司日常管理。这种安排既保证了家族对企业的控制权，又避免了直接管理可能带来的问题。只有这样，才能在巴菲特去世后确保伯克希尔的平稳过渡和持续发展。

巴菲特对企业治理的深远考量不仅体现了他作为企业领袖的责任感与担当精神，更为我们提供了宝贵的启示。在快速发展的商业世界中，如何确保企业的长期稳定发展是每一个企业家都必须面对的问题。

巴菲特的经验告诉我们：**只有建立科学合理的企业治理结构，培养具有商业常识和股东导向精神的管理团队，保持对家族控制权的适度把握及对外部董事的充分信任，才能确保企业在创始人离世后依然稳健前行。**

成功者共有的特质，形成闭环

解读巴菲特给股东的第 30 封信（1994 年）

1994 年的伯克希尔·哈撒韦净资产又增长了 10 亿美元，尽管每股净资产增长率仅为 13.9%，低于其平均增速，但巴菲特早已洞悉牛市末期的市场疲态。

一、投资策略，聚焦与耐心

巴菲特的投资策略中有一个核心观点，他倾向于投资大额项目，单个项目至少要投入自身资产的 1%，才能确保对项目价值产生实质影响，投入过少对整体业绩影响不大。1994 年，伯克希尔的净资产已达到 100 亿美元。巴菲特认为，如果拥有 100 亿美元的项目，那么每个项目至少要投入 1 亿美元，才能对整体业绩产生显著变化；如果拥有 10 亿美元，每个项目至少应该投入 1000 万美元。这种聚焦策略，让巴菲特在投资时更加审慎。

也正是如此，巴菲特始终坚守自己的"能力圈"，只在自己熟悉的领域寻找投资机会，避免盲目跟风。他引用美国著名棒球明星泰德·威廉斯的话说："要成为一个优秀的击球手，你必须等待一个好球。如果我总是去击打'甜蜜区'以外的球，那我根本不可能入选棒球名人堂。"而巴菲特等待的好球，就是找到每年投 1 亿美元的那个机会。

这种审慎的心态，也影响了巴菲特对宏观经济预测的态度，他认为这些预测往往只是分散精力的噪声。在 1994 年的股东大会上，他列举了过去几十年里无人能准确预测的重大事件，如越南战争的升级、两次石油冲击、苏联解体等。他认为，宏观预测并不可靠，穿越周期的关键在于能否应对这些意外的爆炸性事件。事实证明，格雷厄姆的投资原则虽保守，但是能穿越周期且不受损，巴菲特自己也是如此。

他告诫投资者，恐惧是跟风者的敌人，却是价值投资信奉者的朋友。如果让这些未知的恐惧主导投资决策，会使成本急速上升。而好的投资机会往往出现在大多数人被恐惧主导思想之时。我们应该坚持自下而上的研究方法，挑选优质公司，因为这些公司往往能穿越经济周期，实现长期增长。

巴菲特提出，一个优秀的生意必须简单易懂，不能有太多复杂的变量。他强调，投资世界与跳水比赛不同，难度系数在这里不会加分。因此，他倾向于投资那些业务模式清晰、易于理解的公司，如可口可乐和运通。

对于这样的公司，巴菲特会反复投资，不断加仓。以运通为例，从 1953 年首次投资到 1994 年，伯克希尔在运通上的投资已累计达到 13.6 亿美元。这种长期持有、持续加仓的策略，让巴菲特获得了丰厚的回报。

二、内在价值与诚信经理人

巴菲特投资哲学的核心在于价值投资，他强调要关注公司的内在价值而非账面价值，以及关注公司的资产负债表。报表是会骗人的，只有负债是不会骗人的。

他举例说，在 30 年前的 1964 年伯克希尔的财务报表中，尽管每股净资产显示为 19.46 美元，但巴菲特深知这家公司实际上不值这么多钱，因其主要业务纺织业已江河日下，且资产负债表上隐藏着大量隐性债务，这也是他最终在 1985 年关闭纺织厂的原因。

他说过一句话："绝大多数骗子都是靠隐瞒潜在债务来骗取机会的。"他提醒投资者，要透过现象看本质，挖掘公司的内在价值，而不是简单地评估它的资产价值。这种洞察力让巴菲特在投资时能够避开陷阱，捕捉到真正的投资机会。

巴菲特认为，如果你不能很好地完全看清一家公司的所有负债及或有负债，那么找到一个靠谱的经理人对于实现投资价值至关重要。那么，如何筛选一个靠谱的经理人？他一直以来都非常诚信，他做过的事儿是经得起验证的，他让投资人赚到了钱。除此之外，芒格还补充了至关重要的一句：这个人精力要能够高度集中，不能想东想西。

他举了很多例子来说明这一点，比如他收购的一些公司之所以表现不佳，往往是因为财务报表上隐瞒了债务；而他成功投资的一些公司，则是因为找到了诚信可靠的经理人。因此，巴菲特建议投资者在选择投资对象时，一定要重点关注经理人的诚信记录和过往业绩。

三、形成闭环与专注的力量

巴菲特的投资哲学强调专注，不要被未知的恐惧主导思想从而改变投资策略。同样，在企业管理和个人发展中，我们也需要保持专注力，避免被琐事和噪音分散精力。

只有专注于自己的目标和愿景，才能在复杂多变的环境中保持清醒和坚定。正如巴菲特所说：**"恐惧是跟风者的敌人，价值投资是信奉者的朋友。"** 让我们在投资、工作和生活中都保持这份专注和坚定！

换言之，就是一个人要形成闭环能力。这是企业家和投资人在追求成功过程中不可或缺的一种关键能力。它不仅仅关乎项目管理的效率，更深刻地影响着企业的战略连贯性、资源利用效率以及长期发展的稳定性。

以雷军为例，他展现出了卓越的形成闭环的能力。无论是控制成本、项目执行还是战略决策，雷军力求每一步都紧密相连，形成一个完整的闭环。他通过深思熟虑和充分准备，确保每个项目从策划到实施，再到评估反馈都能够顺利进行。这种高度的专注和闭环思维，使得雷军在多个领域取得了显著的成功。

李想在创业过程中同样展现出了出色的形成闭环的能力。从泡泡网到汽车之家，再到理想汽车，李想在每个项目中都力求做到出色，形成完整的闭环。他的成功并非偶然，而是缘于对细节的把控和对闭环思维的坚持。

这种形成闭环的能力是成功者的共同特质之一。它要求我们在做任何事情时都要有始有终、善始善终，确保每一个环节都能紧密衔接、相互支撑。所以，巴菲特认为，对于一家公司来说，最不应该干的事情就是在自己还没有形成闭环的时候，因为被各种人鼓励、怂恿就去搞其他各种各样的事情。

股东大会上，还有人问了巴菲特一个问题：请问一个企业的智者，是怎么设计薪酬体系的？你管理这么多公司，你怎么能确保这些经理人和伯克希尔的利益是密切相关的？巴菲特说，这是一个好问题，我的答案就是既要给胡萝卜，又要给大棒。既要确保胡萝卜和经理人可控制的范围紧密相关，然后又要有惩罚措施。巴菲特说，任何人问我要钱，我都会告诉他这笔钱是有资金成本的。我会给他设一个资金成本率，只要你能超过这个资金成本率，获得很好的回报，你就会得到奖励。如果你产生的资金的回报低于资金门槛，那你必须和我一块承担损失。

巴菲特说，伯克希尔的体系的核心就是确保只和理念一致，并且喜欢的人一起工作。他强调了三遍，利益一致是合伙关系的核心，而不是只有增加的收益。我和芒格的所有的钱都在伯克希尔，亏损我们会一块跟着亏。这个就是他们和股东永远保持一致的一个核心。

不要过度战略规划

解读巴菲特给股东的第 31 封信（1995 年）

在 1995 年，伯克希尔·哈撒韦的净资产继续稳步增长，每股账面价值增长了 43.1%。这一年，伯克希尔不仅通过收购完整的公司巩固了实力，还在二级市场灵活布局，展现了巴菲特在资本市场中的游刃有余。

一、每股所含证券价值与税前利润的双重考量

1995 年，伯克希尔在巴菲特的带领下，继续实施其独特的收购战略。巴菲特深知，优质的资产是企业成长的关键。因此，他专注于寻找那些具有长期价值、能够形成协同效应的完整公司。通过精心挑选和谈判，伯克希尔成功收购了三家公司，其中包括一家保险公司 GEICO 50% 的股权，实现了 GEICO 的私有化。这一举动不仅增强了伯克希尔的保险业务实力，还为其后续投资提供了稳定的资金来源。

除了直接收购外，巴菲特还善于在二级市场购买优质公司的部分股份。他认为，当没有合适的收购机会时，通过购买股份来分享公司

成长的红利，同样是一种明智的选择。这种双轨并进的策略，既保证了伯克希尔资产的稳健增长，又为其提供了更多的投资灵活性。

随着业务越发复杂化，为了更准确地评估伯克希尔的价值，巴菲特从 1995 年开始使用两列数字来展现公司的经营状况：每股所含的证券价值和每股的税前利润。

这一创新性的做法，不仅让股东对公司的财务状况有了更直观的了解，也进一步增强了伯克希尔的透明度。巴菲特深知，作为公司的掌门人，他有责任向股东普及公司的价值理念，确保双方沟通的顺畅无阻。

从 1965 年到 1995 年，伯克希尔的复合年增长率高达 33.4%。这一数字令人瞩目。然而，巴菲特更看重的是公司的长期价值增长。他指出，尽管每股税前净利润的增长率只有 14.7%，但这并不妨碍伯克希尔成为一家伟大的公司。因为股价的增长往往快于净利润的增长，这正是伯克希尔价值创造的魅力所在。

二、反对战略规划

巴菲特和芒格一直反对过度的战略规划。他们认为，制订一个看似合理的目标并请战略规划大师出谋划策，往往容易给企业带来灾难，使企业陷入盲目扩张的陷阱。巴菲特强调，**企业应当保持灵活性和应变能力，根据市场变化及时调整策略。只有这样，才能在复杂多变的市场环境中立于不败之地。**

巴菲特对收购兼并的态度尤为谨慎。他认为，尽管收购兼并看起来美好诱人，但实际上成功的案例少之又少。大部分收购到最后都是一地鸡毛，原因在于收购方往往倾向于查看卖家提供的财务预测，而卖家往往比买家更了解公司的真实情况，且更擅长挑选交易时机。

巴菲特和芒格认为，这种做法是一个极大的笑话，这些顾问天天为他人做长期财务预测，却无人对比过去的财务预测和实际结果的差异。这些券商每天都在进行展望，却没有一个券商敢于说明过去的展望与实际完成情况的差异。

为此，巴菲特说起他与芒格牢记的一个有趣的故事：马主人牵着跛脚的病马去看兽医，他对兽医说："你能帮我看看吗？我实在搞不懂为什么这匹马的表现时好时坏。"兽医的回答干脆利落："没问题，趁它表现正常的时候，赶快把它卖掉就好了。"巴菲特强调说，在收购事件中，这样的跛脚马往往被装饰成一代宝马到处行骗。

伯克希尔最大的优势就在于没有战略计划，不会按照既定方式执行。公司会根据是否有利于股东的方向来决定行动，对所有机会评估机会成本，并与其他机会进行比较，最终选择合适的机会，而非一定要收购一家公司。有合适机会就收购，没有合适机会购买部分股权也是可行的。

巴菲特还引用管理大师彼得·德鲁克的话说：让我告诉你一个秘密，促成交易比埋头苦干好，促成交易刺激有趣，工作却尽是一些麻烦事。这也是为什么通常交易的发生都没什么道理可循。因此，**巴菲特坚持只在自己熟悉的领域进行投资，确保每一笔投资都能带来真正的价值增长。**

三、零售行业的挑战

巴菲特和芒格对零售行业的看法颇为一致。他们认为，尽管零售行业看似简单直接，但实际上是个困难的生意，充满了挑战和不确定性。零售企业需要不断保持创新和竞争力，以应对激烈的市场竞争和消费者需求的变化。芒格甚至直言不讳地表示，自己曾因为忽视了零售行业的复杂性，而在投资阿里巴巴时犯了错误。

在 1995 年，伯克希尔也尝试涉足零售行业，收购了两家零售公司。这两家公司拥有喜欢面对竞争挑战的经理人，而且过去几十年的表现相当优异。然而，巴菲特深知零售业的艰难和挑战。他反思自己在零售行业的投资经历时指出，尽管有些零售公司在短期内取得了惊人的增长和回报，但一旦市场环境发生变化或竞争对手崛起，这些公司往往难以维持其领先地位。零售商必须每年都保持聪明，因为竞争对手会抄袭、超越，消费者也容易被各种信息诱惑而去尝试新产品。沃尔玛曾是零售行业的佼佼者，其创始人山姆·沃尔顿的经营秘诀之一就是抄袭，他曾在 Costco 拍照时被保安抓住。他拍摄的是价格标签。零售行业是个不进则退的行业。并且，零售商需要非常好的管理层，零售行业若由能力一般的人经营，很可能会破产。

因此，伯克希尔在零售行业的投资一直保持着谨慎和理性的态度。

对此，巴菲特不无幽默地说：与必须时刻保持聪明的业务相反，有一种我称之为只需要聪明一次的业务。他还举例说："如果你很聪明，在很早以前就买下一家地方电视台，你甚至可以把它交给懒惰又差劲的亲人来经营。他仍然可以好好地经营几十年，当然若是你懂得将汤姆·墨菲（伯克希尔的董事）摆在合适的位置上，你会做得更惊人，但没有他，你也可以舒服地赚钱。"

四、伯克希尔的本质与巴菲特的诚实

巴菲特曾笑称伯克希尔本质上是一家保险公司。因为伯克希尔拥有大量的浮存金（即保险公司的保费收入减去赔付支出后的剩余资金），这些资金为伯克希尔提供了稳定的资金来源和投资弹药。巴菲特利用这些浮存金进行长期投资，为伯克希尔创造了巨大的价值增长。他说他每天就关注三件事：**资产的回报、债务的成本和杠杆的比例。**

巴菲特和芒格一直以其诚实和正直的品质著称于资本市场。他们不仅对自己的投资能力保持谦逊和谨慎的态度，还时刻提醒股东要理性看待伯克希尔的股价波动和业绩表现。

这一年，A 股市场的高价使得许多投资者望而却步。市场上因此出现了一些中介机构，它们声称可以帮助投资者间接投资伯克希尔的 A 股，从而赚取管理费和收益。然而，巴菲特对此现象并不满意，他认为与其让这些中介机构从中获利，不如公司直接发行 B 股，让原本无法负担 A 股高价的投资者也能有机会参与进来。

然而，在 B 股发行之际，巴菲特坦诚地表示，他和芒格认为当时伯克希尔的股价并不便宜，因此他们个人不会购买 B 股。这一声明旨在提醒投资者理性看待市场，不要盲目跟风。巴菲特强调，他更希望吸引那些理念一致、了解公司经营、认同公司长期目标，并理解公司资产规模有限性的投资者。

诚实是价值投资的核心所在。这种品质知易行难，很多人知道价值投资，但真正做到的人很少。**只有对自己和他人保持绝对诚实，才能真正做到价值投资并长期成功。**

价格与价值的平衡

解读巴菲特给股东的第 32 封信（1996 年）

1996 年，伯克希尔·哈撒韦的股票并未如以往那般狂飙突进，账面价值增长了 36.1%，但每股账面价值仅增长 31.8%。原因在于这一年公司以发行新股的方式并购了飞安国际公司，同时还追加发行了一些 B 股。但这在巴菲特看来，却是价格与价值关系趋于合理的重要标志。

一、价格与价值的平衡艺术

早在 1995 年，巴菲特就提醒投资者，伯克希尔的股票价格已经偏高，而 1996 年的市场表现恰恰验证了他的判断。这种前瞻性的眼光，不仅体现了他对市场的深刻理解，更彰显了他作为投资大师的责任与担当。

巴菲特认为，股票的价格应当与公司的内在价值相匹配，而非盲目跟风，被市场情绪左右。当时伯克希尔 A 股价格为 36000 美元，很多人因价格过高而无力购买，于是巴菲特发行了 B 股。巴菲特曾劝诫人们不要购买 B 股，一些人听从了他的建议，然而伯克希尔 B 股股价也上涨。这一行为其实体现了巴菲特的诚实与厚道，其底层逻辑在于他不希望人们因盲目购买而遭受损失。

同时，他发行 B 股的决定，虽在一定程度上"害"了那些听从他建议未买人的投资者，但从长远来看，这恰恰是对所有股东利益的最大保护。他在 1995 年提醒人们伯克希尔 B 股价格偏高，是因为当时股票表现高于公司价值增长。

他不希望看到一部分股东通过牺牲另一部分股东的利益来获利，他认为这是一种"接盘侠"逻辑。公平、厚道的价值观才是巴菲特投资哲学的核心所在。

巴菲特的投资哲学，就像一位智者在你耳边轻声细语，告诉你市场的真相。他教会我们，不要被短期的价格波动迷惑，要始终保持清醒的头脑，关注公司的内在价值。只有这样，才能在投资的长跑中笑到最后。

二、保险公司的本质与智慧

在谈到伯克希尔的保险业务时，巴菲特提到他的得力干将——阿吉特。这位保险天才，是巴菲特最信赖的伙伴之一。巴菲特曾幽默地说，如果他和芒格、阿吉特在海上航行时遇险，且只能救其中的一个人的话，要先救阿吉特。在他眼里，阿吉特是个无师自通的天才，对伯克希尔的价值无可估量。到了 2020 年，巴菲特更是指定阿吉特为伯克希尔的副董事长和保险业务的负责人。

在巴菲特眼中，保险业务虽然是一门"烂生意"，但他能在其中杀出一条血路。保险公司最怕的是罕见巨型灾害，尽管此类灾害发生概率极低，但一旦发生，可能导致多年盈利瞬间化为乌有，从而出现暴亏情况。如果股东缺乏长期思维，这时候在听到坏消息时，可能会因恐慌而抛售股票。保险公司的核心，不仅在于拥有优秀的人才，更在于设计一种不会被超级灾害拖垮的险种。

巴菲特深知保险公司是一个充满挑战的行业，他曾经提到，要在其中取得成功，必须具备三个条件：首先，伯克希尔要有足够的赔付能力，这是其优势所在；其次，公司要具备长期的生存能力，以保障投保人的长期利益；最后，保单金额要在业内处于领先地位。

即便具备上述条件，超级无敌的灾害一旦发生，其破坏力仍然是毁灭性的。因此，伯克希尔必须在具备这些强大的条件的同时，谨慎运营，才能在激烈的市场竞争中立于不败之地。

三、投资的常识与艺术的结合

巴菲特强调，投资中最不聪明的事情就是违悖常识。他举例说，如果一家公司的管理层因为听到美联储可能降息的消息就立即卖掉盈利最好的业务部门，那无疑是荒谬的。同样地，在股票投资中频繁买进卖出也是违悖常识的行为。

巴菲特认为投资很简单，关键在于好的行业、诚实能干的管理层以及合理的价格。投资者应反复思考这三个要素是否发生变化，无须频繁买卖。这三大要素，也构成了其投资哲学的基石。他指出，就像经纪人投资上大学的篮球明星一样，投资者应该关注那些具有成为未来巨星潜力的公司，并在合适的时机买入并长期持有。在这个过程中，投资者需要保持耐心和冷静，避免被短期的市场波动干扰。

巴菲特还特别强调了不要轻易卖出核心资产，只有当投资者对公司的长期竞争优势产生怀疑时，才应该考虑减仓或卖出。否则，仅仅因为股价波动或仓位过重而做出卖出决策，是极其荒唐的。正如公牛队不可能卖掉乔丹一样，投资者也不应该轻易放弃那些具有长期增长潜力的核心资产。

巴菲特认为，投资的核心在于找到那些具有"必然成功型"特质的公司。这些公司通常拥有强大的品牌护城河、稳定的消费者需求以及不断创新的能力。

比如可口可乐和吉列，它们的产品几乎不受经济周期的影响，消费者对其有着持续的需求。因此，这些公司的未来增长是可以预测的。

然而，巴菲特也坦言，并不是所有的公司都能成为"必然成功型"公司，更多的公司属于"高概率成功型"公司，伯克希尔自身也被归于后者。尽管如此，巴菲特仍然强调，在购买这些公司股票时一定要注意价格因素。因为即使是好公司，如果出价过高也会导致长期回报不佳。

巴菲特的投资哲学是一种将常识与艺术完美结合的智慧。他教会我们如何在复杂多变的市场中找到那些真正值得投资的公司，并以合理的价格买入。同时他也提醒我们时刻警惕市场中的风险和诱惑，保持清醒的头脑和坚定的信念才能在投资的长河中稳健前行。

四、构建投资组合的艺术

对于大多数人来说，如果觉得投资知识过于复杂，可以选择购买指数基金，因为购买主流基金的回报可能高于绝大多数专业投资人。如果不想购买指数基金，投资者应打造投资组合。

巴菲特建议投资者不要过度关注宏观经济和复杂的投资组合理论，而应该将精力集中在评估公司价值和思考市场价格上：首先，要在自己的能力圈范围内，选择简单的公司；其次，无须过度关注宏观和各种组合理论，只需评估公司价值和市场价格，寻找价格合理的公司。

在他看来，一个好的投资组合，应该由少数几家具有强大竞争优势和稳定增长潜力的公司组成。这些公司应该是那种 10 年甚至 20 年都依然能够持续增长的公司。当然在购买这些公司股票时一定要注意价格因素，确保在合理的价位上买入。

巴菲特还特别强调了抵制诱惑的重要性。他说过一句很著名的话：**如果你不愿意持有一只股票 10 年，那就不要持有它 10 分钟。**这句话听起来简单，却蕴含着深刻的哲理。它告诉我们在投资中要保持足够的耐心和定力，不要被市场的短期波动和其他公司的诱惑动摇。只有这样才能确保我们的投资组合长期稳健地增长。

总之，投资是一门艺术，需要我们具备深厚的行业知识、敏锐的洞察力以及坚定的信念。然而，正是这些看似艰难的挑战，塑造了我们在投资领域的核心竞争力。正如巴菲特所说，**只有那些能够经受住时间考验的公司，才值得我们长期持有和关注。**

投资是马拉松，不是冲刺

解读巴菲特给股东的第 33 封信（1997 年）

提及 1997 年，对许多人而言，那是一个充满喜悦与收获的年份。美国股市正经历一场牛市盛宴，标普 500 指数飙升了 33.4%，市场上弥漫着一片喜气洋洋的气氛。

正如巴菲特所言，一场大雨会把湖面上所有的鸭子都抬高，得意扬扬的鸭子们开始吹嘘自己的泳技，却忽视了是雨水而非泳技让它们上升。在这个背景下，英伟达等科技股成为市场的宠儿，投资者纷纷抛售苹果、微软等传统蓝筹股，追逐看似更容易赚钱的机会。然而，这种盲目的追逐往往掩盖了投资背后的真谛。

一、理性与等待，稳健与灵活并存

1997 年，伯克希尔·哈撒韦的账面价值增加了 80 亿美元，A/B 股每股账面价值增长率达 34.1%，略超标普 500 指数的 33.4%。虽然伯克希尔的增长与标普 500 齐平，但标普 500 的涨幅无须考虑税收，而伯克希尔的实际收益则需扣除沉重的美国税款。因此，简单地将伯克希尔与标普 500 进行比较，显然是不公平的。

所以，尽管取得了超高回报率，但是巴菲特还是强调，这并非伟大胜利，只是"正常的呱呱叫而已"。因为股市整体表现强劲，任何投资者都可能获利。他比喻，在牛市中，不应像自鸣得意的鸭子一样夸耀泳技，而应像理性鸭子，观察其他鸭子的位置。

巴菲特的投资智慧，在于长期持有优质资产，耐心等待最佳击球时机。他常引用棒球理论来说明这一点：要想击中好球，必须在最合适的时间、最合适的地点，挥出最有力的一击。随意击球只会让投资者成为一个平庸的击球手。

在每次牛市中，包括 1997 年，他所看到的球都处于击球区的不利位置，这便是问题所在。他一直坚信一个原则，只要挥棒三次未击中，就会出局。所以对于伯克希尔而言，投资和纪律性等待都至关重要。

所以，在 1997 年，他选择按兵不动，等待更好的机会。这种耐心与纪律性，是伯克希尔能够持续创造惊人回报的关键。

尽管巴菲特以稳健著称，但伯克希尔的投资策略并非一成不变。在 1997 年，伯克希尔展现出了其灵活多变的一面。在市场被高估或者没有特别好的击球区时，伯克希尔或者说巴菲特会将资金用于购买国债，且多为短期国债。即使像巴菲特这样的股神，其投资方式也较为简单，主要为股权投资和国债投资。对他来说，盈利只是一个时间问题，关键在于何时击球。所以，在 1997 年，他们主要进行了以下几种投资：

首先，他们利用石油衍生品合同进行短期套利，赌石油价格未来会上升。这一决策基于对市场趋势的敏锐洞察和对风险的有效控制。

其次，巴菲特大举买入白银，这并非一时兴起，而是基于长期追踪和研究的结果。他看到白银库存大幅下降，预测价格将上升，这一决策最终也获得了丰厚的回报。

此外，伯克希尔还大量购买美国国债，作为等待合适投资机会的资金储备。

这种稳健的投资组合，既保证了资金的流动性，又能在市场出现波动时提供有效的避险手段。巴菲特和芒格的性格互补，也为伯克希尔的投资决策增添了更多可能性。巴菲特倾向于等待和稳健，而芒格则更为激进和果断。两人的性格恰好互补，这使得伯克希尔能够在复杂多变的市场环境中游刃有余。

二、评估生意的价值和思考市场价格

巴菲特反复强调的两门投资课程——评估生意的价值和思考市场的价格——是理解其投资哲学的关键。评估生意的价值，涉及能力圈和护城河等概念；而思考市场价格，则要求投资者具备储蓄者思维，理解市场先生的情绪波动。

简单来说，如果你准备一辈子都买汉堡，但自己并不养牛也不做汉堡，那么你自然是希望牛肉价格越低越好。同样地，在投资市场中，你也应该希望购买的公司股票价格下跌，以便以更低的价格买入更多股份。

这种储蓄者思维，让巴菲特在市场低迷时保持乐观，因为他知道这是买入优质资产的好时机。相反，在市场高涨时，他却能保持警惕，避免被市场的狂欢冲昏头脑。他指出：股市下跌时亏钱的人，不是投资人。真正的投资人应该在股市下跌时赚钱，因为下跌意味着可以以更低成本买入更多股份。

因此，作为伯克希尔掌门人的巴菲特，展现了一种独特的投资心态：当市场下跌时，他反而感到高兴。这是因为，如果伯克希尔尚未买够某家公司的股份，股价下跌就为他提供了以更低价格增持的机会。巴菲特鼓励所有伯克希尔的股东也持有这种心态，即在股市下跌时看到机遇，以更优惠的价格增加对自己喜爱或看好的公司的投资。

对于市场的过客而言，股市往往是不友好的，因为他们的目标是短期获利，容易受到市场波动的影响；而对于市场的永久居民来说，股市则是友好的，因为他们追求的是长期价值增长，能够利用市场波动进行低成本增持。

因此，巴菲特提醒我们，要明确自己是 A 股的过客还是永久居民，这将直接影响我们的投资策略和心态。

三、市场情绪的五种状态

尽管巴菲特和芒格是投资界的传奇人物，但他们也承认股市趋势的不可预测性。他们通过对市场的长期判断来指导投资决策，但短期内也会犯错。伯克希尔公司也曾多次经历股价腰斩的情况，这再次证明了短期市场波动的不确定性。因此，巴菲特倾向于在牛市时采用清仓或空仓策略，以避免为市场的高共识付出过高代价。

巴菲特曾在福布斯上发表文章时指出，投资者在牛市时往往为高共识付出了更高的代价；而在熊市时，失望情绪将股价打压至足够低的水平，这时反而是买入的好时机。他强调安全边际的重要性，即买入价格应远低于公司的内在价值。然而，当前美股市场的一些观点认为，从安全边际的角度来看，美股的安全空间已被侵蚀。尽管如此，对于少数引领科技前沿、推动人类进步的公司而言，它们依然具有投资价值。

巴菲特将市场情绪分为五个状态：极度悲观、轻微悲观、正常、轻微乐观和极度乐观。他认为，在极度悲观时，市场往往提供了最佳的买入机会；而随着市场情绪逐渐转向乐观直至极度乐观时，市场风险也逐步累积，直至可能引发崩盘。因此，**投资者应保持理性判断，根据市场情绪的变化调整投资策略。**

综上所述，巴菲特的投资哲学强调了长期价值投资的重要性以及利用市场波动进行低成本增持的智慧。在股市波动面前，我们应保持冷静和理性，明确自己的投资目标和心态，以应对市场的不断变化。

投资是一场漫长的马拉松而非短暂的冲刺。在这个过程中，我们需要学会像巴菲特一样思考——评估生意的价值、理解市场价格、保持储蓄者思维、耐心等待最佳击球时机。

只有这样，我们才能在复杂多变的市场环境中保持清醒的头脑和稳健的步伐，最终赢得属于自己的胜利。

账面只是数字游戏

解读巴菲特给股东的第 34 封信（1998 年）

　　在 1998 年巴菲特致伯克希尔·哈撒韦公司股东信的开头，一个耀眼的数字吸引了所有人的目光——账面价值增加了 259 亿美元，A/B 股每股账面价值更是飙升了 48.3%，远超标普 500 指数的 28.6%。然而，巴菲特却点出了这份华丽的数据背后所隐藏的不为人知的秘密，提醒大家不要被表面的繁荣迷惑，真正的价值增长远比账面上的数字复杂得多。

一、账面价值与内在价值的分野

　　巴菲特在信中坦率地指出，大部分账面价值的增长来源于并购交易所发行的新股，这些新股的溢价发行虽然大幅提升了每股账面价值，但并未实质性地增加公司的内在价值。巴菲特强调，真正重要的是内在价值的增长，而非账面价值的简单提升。

　　巴菲特与合伙人查理·芒格一再重申，他们关注的是内在价值的增加，而非短期的账面价值波动。尽管 1998 年伯克希尔的内在价值也有显著成长，但并未达到账面价值增长的幅度。尽管如此，巴菲特依然自信地表示，目前的内在价值仍远高于账面价值。他鼓励股东们参阅股东手册，以更深入地理解"内在价值"等关键概念，以及伯克希尔的经营宗旨和对股东的重要信息。这种清醒的认识，让我们看到了巴菲特作为价值投资者的严谨与理性。

展望 1999 年，巴菲特对伯克希尔的前景充满信心。他表示，公司拥有有史以来最佳企业与经理人的黄金组合。1998 年，伯克希尔成功收购了通用再保险与公务机航空 NetJets 两家一流企业，为公司的未来发展注入了新的活力。同时，原有企业的表现也超出了巴菲特的预期，特别是 GEICO 保险再次取得了骄人业绩。

然而，巴菲特也坦诚地指出了公司面临的挑战。几家伯克希尔拥有大笔投资的大型上市公司出现了经营下滑，导致股票投资组合的绩效表现不如同期标普 500 指数。但他强调，这些问题只是暂时的，查理·芒格和他本人都对这些公司的长期发展持乐观态度。

值得一提的是，尽管伯克希尔在 1998 年按净资产计算已成为美国最大的公司之一，但其市值仅为通用电气和微软的 1/3 不到。巴菲特认为，这主要归因于市场将伯克希尔视为一家投资公司，而相对忽略了其作为多元化企业集团的实际价值。他呼吁投资者以更全面的视角审视伯克希尔，认识到其作为行业领先企业的真实潜力和价值。

二、长期主义与"三个假如"的智慧

在谈论伯克希尔 1998 年的业绩时，我们不得不提及其旗下的明星企业——GEICO 保险。自 1995 年被伯克希尔收购以来，GEICO 凭借其直销的低成本汽车保险模式，市场份额稳步增长，至 1998 年已达到 3.5%，成为保险行业中的佼佼者。巴菲特对 GEICO 的赞赏溢于言表，他称赞其商业模式和 CEO 的卓越能力，认为这是 GEICO 成功的关键。

然而，GEICO 的成功并非偶然，它背后隐藏着巴菲特独特的激励模式。巴菲特深知，对于销售型公司而言，新客户的增长和老客户的利润是两大核心指标。因此，他为 GEICO 的管理层和员工设定了这两个参数作为业绩考核标准。第一年考核新客户增长，第二年则考核老客户利润。这种激励模式既保证了公司的短期增长动力，又兼顾了长期盈利能力，值得我们深思和借鉴。

巴菲特在管理伯克希尔及其众多子公司时，始终坚持长期主义的理念。他提出了著名的"三个假设"来引导公司的经营者：第一，假设这 100% 是你的公司，你会如何考虑？第二，假设这是你和你的家庭在世界上的唯一资产，你会如何对待？第三，假设这个资产 100 年内不能出售或兼并，你会如何对待？

这"三个假设"本质上是对长期主义的深刻诠释，它让经营者能够抛开短期利益的诱惑，专注于企业的长期竞争力和内在价值的提升。

在伯克希尔收购 GEICO 后，巴菲特更是将"长期主义"这一理念付诸实践。他将原本每年发放的股票期权直接换成了现金，尽管这会导致公司的每年盈利下调 5% 甚至 10%，但他认为这是对公司和股东长期利益负责的表现。之前不发现金是因为股票期权在会计上可不计入成本，但巴菲特认为公司应追求长期利益，而不是短期报表好看，所以他愿意承担会计成本的影响，将发期权改为发现金。巴菲特对股票期权的批评和对现金激励的推崇，展现了他对长期价值的坚守。

三、华尔街的会计操纵与巴菲特的清流

与巴菲特的严谨和诚信形成鲜明对比的是华尔街的会计操纵现象。巴菲特曾多次批评华尔街的会计处理过于激进和缺乏诚信，他认为这种操纵行为不仅误导了投资者，也损害了市场的健康发展。在巴菲特看来，真正的价值投资者应该追求的是企业内在价值的长期增长，而不是通过会计技巧来粉饰短期业绩。

他提到，许多公司倾向于发放股票期权作为薪酬，以在会计上规避成本计入。然而，在巴菲特看来，这种做法无异于自欺欺人。他坚持认为，发现金是对公司和股东最负责任的做法，尽管这会影响当期的会计利润。这种对长期价值的坚守和对会计诚信的追求，让巴菲特在华尔街的浑水中成为一股清流。

将视角转向 A 股市场，我们不难发现类似的会计操纵现象依然存在。一些上市公司为了美化短期业绩或操纵股价，会采取各种手段来粉饰财务报表。例如，将本应分摊到多年的成本一次性计入某个季度，以制造业绩爆雷的假象进而为未来的利润操纵打下基础。这种行为不仅损害了投资者的利益，也破坏了市场的公平性和透明度。

面对这些问题，我们不禁要反思：作为投资者和市场参与者，我

们应该如何保持清醒的头脑和理性的判断？或许我们可以从巴菲特那里找到答案——**坚持长期主义，追求内在价值的增长，拒绝被短期利益和会计操纵迷惑。**只有这样，我们才能在复杂多变的市场环境中找到真正具有投资价值的优质企业，从而实现财富的稳健增长。

作为投资者，我们不仅应该向巴菲特学习关注企业的短期业绩，更要深入挖掘其内在价值和长期竞争力。只有这样，我们才能在股市的波涛汹涌中稳健前行，实现财富的稳健增长。

看人比看项目更重要

解读巴菲特给股东的第 35 封信（1999 年）

即便是巴菲特这位传奇投资者，也有他职业生涯中的"至暗时刻"。1999 年，伯克希尔·哈撒韦的账面价值仅增加了 3.58 亿美元，A/B 股每股账面价值仅增长了 0.5%，而同期标普 500 指数却上涨了 21%。这样的业绩，对于巴菲特来说，无疑是个人表现最差的一年。这是怎么回事呢？

一、坚守原则，面对诱惑保持理性

1999 年，互联网泡沫达到了顶峰，网络公司的股价如脱缰野马般飙升。这一年，纳斯达克指数上涨 4 倍，平均市盈率高达 200 倍，高通股票一年的涨幅更是高达 26 倍。

互联网泡沫在 1998 年已有涉及，主要是财务造假问题。巴菲特拒绝财务造假，例如他将股票期权换成现金等举措。然而，面对诱惑，巴菲特选择了坚守自己的原则。他没有跟风投资那些看似前景无限的网络公司，而是继续专注于自己熟悉的投资领域。

1999 年是所有 ".com" 公司股价暴涨的一年。12 月时,《巴伦周刊》发表封面文章, 嘲笑巴菲特年老体衰、手足无措, 未参与互联网的大发展。巴菲特也自嘲在这方面是个 "白痴"。然而, 巴菲特深知, 泡沫终将破灭, 真正的投资者应该保持冷静和理性。他明确表示自己不投资互联网领域, 因为他认为这个领域超出了他的能力圈, 他不具备预测未来技术发展的能力。

巴菲特坦言, 他问过比尔·盖茨和英特尔的 CEO 这等科技大牛, 即便是他们, 也难以准确预测 10 年后的技术走向, 因此他更不愿意冒险涉足自己不熟悉的领域。

巴菲特不投资互联网公司的理由不仅仅是对技术的不熟悉, 更重要的是他基于常识的判断。他认为, 在 1999 年的互联网狂欢中, 整个股票市场的估值已经严重偏高, 失去了合理的投资价值。对于他持有的公司股票, 巴菲特采取了 "不买也不卖" 的策略, 因为他既看不懂市场的疯狂是否合理, 也不认为此时买入股票能够获得合理的长期回报。

巴菲特对于市场的长期回报率有着清晰的预期。他认为, 一个健康的市场其长期回报率应该与 GDP 增长率和通货膨胀率相匹配。以 GDP 年增长 3%、通货膨胀年增长 2% 为例, 市场的长期回报率应在 5% 左右, 考虑到分红等因素, 实际回报率可能在 6% 至 8% 之间。然而, 在 1999 年的互联网泡沫中, 市场回报率远远偏离了这一合理区间, 投资者对未来回报的乐观预期远远超出了实际可能。

一些股东要求他回购公司的股份, 他断然拒绝了这一要求。原因是, 巴菲特认为回购本质上是一种资本配置, 需要满足两个条件: 一是公司有足够现金满足近期业务需求；二是市场价格低于内在价值。他认为当前需先讨论两个问题：一是手中的钱能否维持竞争地位；二是股价是否被低估。如果不满足这些条件就回购，是不负责任的行为，因为资金可能有更重要的用途。如果投资产生的折现价值大于投入资金，就不应回购。他表示，历史表明，大部分公司回购是为了满足管理层的帝国欲望，并不产生实际价值。自己拿着钱是在等待机会，没有回购是因为他没有帝国欲望。

在面对市场狂热时，保持理性和谨慎是至关重要的。投资者应该基于自己的能力和对市场的基本判断来做出决策，而不是盲目跟风。同时，对于市场的长期回报率应有合理的预期，避免被短期的市场波动迷惑。

二、看人比看项目更重要

巴菲特的投资哲学精髓在于"看人比看项目更重要"，他坚信优秀的管理团队是公司持续成功的核心。在当时的环境下，巴菲特和芒格仍然对伯克希尔在下一个 10 年超越标普 500 指数充满信心。这基于他们强大的现金流以及公司保险业务的支撑，正如"流水不争先，争的是滔滔不绝"所表达的理念，巴菲特最擅长的还是看人。伯克希尔收购的企业，管理层往往都对工作充满热爱与专注，将公司视为毕生事业，而非仅仅追求金钱利益。

以比尔·奇尔德和他的威利家具公司[1]为例，比尔由于信仰原因，坚持星期天不营业的原则，即便面临竞争压力和市场挑战，也绝不妥协。当巴菲特收购这家公司后，比尔计划在新地区开设新店。尽管面临激烈的竞争和周日不营业的挑战，比尔仍然坚持自己的原则，并表示如果新店失败，他将独自承担损失。这种对原则的坚守和对事业的热爱，深深打动了巴菲特。最终，比尔的新店大获成功，而他也按照承诺将资产以成本价卖给了伯克希尔。

巴菲特善于从成功案例中汲取经验，并将其复制到其他类似项目上。在威利家具公司成功的基础上，他进一步拓展家具领域的布局，体现了其复制成功路径的策略智慧。

同样，巴菲特在1999年进军能源基础设施市场的决策，也是基于对行业中关键人物的深刻洞察。他选择投资这一领域，很大程度上是因为看好该领域内具有卓越商业眼光和判断力的领导者。这些领导者的存在，为伯克希尔在该领域的长期发展奠定了坚实的基础。其中一位阿贝尔，甚至后来成为伯克希尔的接班人，凸显了巴菲特对人才的极度重视。

对此，我深有感触。在青岛，有一家经营得很好的酒吧，酒吧老板与我的一位朋友交情深厚，曾专程来到北京考察市场。当得知在北京有一个理想位置时，我们积极鼓励。然而，出乎意料的是，这位老

---

1 威利家具公司是一家美国高端家具和家居用品零售商，以生产和销售优质家具、厨房用品、装饰品和家居饰品而闻名。威利家具公司成立于1956年，总部位于旧金山。——编者注

板说，虽然位置和资金对于酒吧的成功至关重要，但最关键的因素还是人，特别是店长。如果没有找到合适的店长来引领和管理，即使地段再优越、资金再充足，酒吧也难以达到预期的效果。

这与巴菲特的投资和管理理念不谋而合，在投资项目中，他每收购一家公司，都会询问 CEO 是否还有类似优秀的企业家。巴菲特看重的不仅仅是市场潜力和现有资产，更重要的是被收购公司背后的优秀管理团队和商业模式。

三、找准定位，承担风险

在 1999 年这封信中，巴菲特还谈到了创业的话题。他说创业并不仅仅意味着自己创立一家公司或做一个项目；更多时候是找到一个适合自己的位置和角色，与优秀的团队或公司共同成长。正如芒格选择加入伯克希尔一样，他找到了一个能够发挥自己才华和影响力的平台，并与巴菲特共同创造了辉煌的事业。

对于想要创业的人来说，要找准自己的性格和优势所在。每个人的性格、能力和兴趣，都是独一无二的；只有找到最适合自己的领域和项目，才能够发挥出最大的潜力和价值。因此，不要盲目跟风或模仿他人，而是要深入思考自己的内心需求和真正热爱的事物。

创业本身就是一项充满风险的活动，想要成功就必须做好承担风险的准备。然而承担风险，并不意味着盲目冲动或不计后果，而是要在充分评估和分析的基础上，做出明智的决策。

巴菲特的投资哲学强调稳健和长期视角，这个思路也同样适用于

创业领域。只有保持冷静和理性，才能够在复杂多变的市场环境中稳健前行，并取得成功。

穿越泡沫与危机

有时最好的投资就是等待，

等待那个一击即中的机会

04

2000—2006 年（70—76 岁）

巴菲特在复杂的市场环境中展现了非凡的投资智慧。他坚持价值投资，并购多家公司，比如 MiTek、XTRA、Larson-Juhl 及 Fruit of the Loom，为伯克希尔带来稳定增长。同时，巴菲特在外汇市场利用货币远期合同获利超 20 亿美元，精准投资中石油和亚马逊，实现了高额回报。

面对恐怖袭击后的保险业务挑战和现金储备增加，巴菲特凭借稳健策略和敏锐洞察力，成功应对，保持了伯克希尔稳定增长。他还提出与对冲基金的赌约，强调指数基金优势，推动其普及。

此外，巴菲特慷慨捐赠伯克希尔 1000 万股 B 股股票给盖茨慈善基金会，价值 307 亿美元，展现了其慈善精神。

在此期间，巴菲特以稳健的投资策略、敏锐的市场洞察力和卓越的领导能力，成功应对挑战，取得了显著成果，其投资理念和慈善精神将持续激励后人。

为何拒绝互联网泡沫

解读巴菲特给股东的第 36 封信（2000 年）

　　2000 年，伯克希尔·哈撒韦的账面价值增加 39.6 亿美元，A/B 股每股账面价值增长 6.5%。虽然不多，但对比标普 500 高达 9.1% 的跌幅，还是显得难能可贵。这一年是互联网泡沫破灭后的第一年，全球股市经历了一场前所未有的震荡。而伯克希尔·哈撒韦公司却在巴菲特的引领下，不仅稳住了阵脚，还实现了净资产的稳健增长。

一、价值投资与长期视角

　　20 世纪末，互联网技术的飞速发展仿佛为全球经济注入了一剂强心针。网络公司的股价一飞冲天，投资者们沉浸在一片狂热之中。然而，所有泡沫终将破灭，这场互联网狂欢也在达到顶峰后迅速坠落。就像巴菲特说的，**"每一个泡沫前面都注定有一个图钉在等着它"**。

　　2000 年 3 月，纳斯达克指数创下了历史新高，但随后便是一路下滑，到 2002 年 9 月时已经暴跌了 75%。在这场风暴中，无数投资者血本无归，但巴菲特显得异常冷静和理智。巴菲特的投资理念可以概括为"价值投资"和"长期视角"。他认为,一家公司的真实价值是其未来现金流的折现值,而市场价格则受到市场情绪、供求关系等多种因素的影响而波动。

所以,他早在泡沫形成之初就意识到了其中的风险,当别人都在疯狂追逐那些虚无缥缈的未来时,巴菲特依然能够保持清醒的头脑,不被市场的狂热迷惑,坚守着自己的价值投资理念,只关注那些具有稳定现金流和良好基本面的公司。

2000 年,巴菲特灵活调整投资组合,收购了 6 家公司,包括生产砖块、涂料、地毯等产品的传统企业。这些公司虽然不起眼,但在互联网泡沫破灭后依然能够保持稳定的盈利能力。巴菲特的投资策略不仅降低了公司的整体风险,还在大环境不好的前提下,为伯克希尔带来了稳定的现金流和回报。

二、关于投资的几个关键点

尽管巴菲特在 2000 年的互联网泡沫中保持了清醒和理智,但他也承认自己在某些方面的判断存在失误。例如,在泡沫破灭后的一段时间里,他为了寻求增长而收购了一些私有化公司和未上市公司。这些公司的发展并不如预期那样顺利,有的甚至陷入了困境。

久违的投资失利让巴菲特开始深刻反思。他首先强调了正确评估公司价格的关键性。他指出,市场情绪波动会极大地影响股价,导致价格与价值之间产生偏离。因此,他强调投资者必须具备敏锐的洞察力,识别出因市场恐惧而被低估的公司,并在这些公司股价处于超低价时果断出手。

其次，巴菲特开始深入思考投资配置的问题。《伊索寓言》里有这样一句话："一鸟在手，胜过两鸟在林。"巴菲特认为与其追求多个不确定的未来机会，不如把握手中已有的确定收益。对此，巴菲特还打了一个比喻："跑车里面坐着一个女孩，胜过电话本里面有 5 个女孩。"这个比喻虽然略带调侃，却深刻地揭示了巴菲特对于投资配置的核心思想：**选择那些确定性强、收益稳定的投资项目，而非盲目追求数量或潜在机会。**

为了在未来的投资中避免重蹈覆辙，巴菲特和芒格提出了三个关键问题，作为投资决策前的必修课：

第一，把握度评估：投资者对投资标的的成功概率有多大把握？这要求投资者对目标公司进行深入的研究和分析，确保对其业务模式、市场前景等有清晰的认识。

第二，数量与时机：如果投资成功，预期能获得的收益是多少？这些收益何时能实现？这要求投资者对投资项目的盈利潜力和时间线有明确的预期。

第三，最低收益率要求：投资者所期望的最低无风险收益率是多少？这个收益率是否高于美国国债等无风险资产的回报率？如果投资项目的预期收益率无法满足这一要求，那么投资者可能需要重新考虑其投资决策。

通过回答这三个问题，投资者能够更加理性地评估投资机会，确保每一笔投资都能为公司带来切实的价值增长。

三、拒绝不切实际的财务预测

巴菲特在信中对当时公司的财务报表制度表达了强烈的不满，各种无实质性内容充斥其中，如人物、产品和工厂照片，这些不仅不能为投资者提供有价值的财务状况信息，反而可能误导或欺骗投资者，浪费他们宝贵的时间。

同时，巴菲特严厉批评了财务报表中复杂且不切实际的财务指标，特别是那些未充分考虑折旧等因素的指标，如"伊贝塔指标"[1]。他认为它们掩盖了公司的真实盈利能力，严重妨碍了投资者的准确判断。

巴菲特强调，财务报表应清晰透明地说明所采用的财务规则和会计政策，以确保投资者全面了解公司的经营状况和潜在风险。他呼吁企业提高财务透明度，减少模糊地带，从而建立投资者信心。

对于管理层在财务报表中的业务讨论部分，巴菲特尤为重视。他认为这部分应由 CEO 亲自撰写，以体现管理层的深度理解和前瞻视角。然而，现实中许多财务报表被顾问代写的套话充斥，缺乏真实性和深度。当然，也有一些 CEO 过于乐观地预测未来，却忽视了从过去经验中吸取教训的重要性。巴菲特呼吁管理层应正视失败，持续改

---

1 伊贝塔指标（企业价值倍数）是用来评估企业价值的重要财务指标之一。它的计算方式是将企业价值除以税息折旧及摊销前利润。这种指标能够帮助投资者衡量企业的市场价值和盈利能力之间的关系，常用于对比不同行业和规模的公司。——编者注

进策略。

反观巴菲特自己，在撰写致股东的信中，他始终坚守真诚与透明的原则，拒绝做出不切实际的财务预测。他基于对公司实际情况的深入了解和谨慎乐观的未来展望，向股东报告公司的真实经营状况及面临的挑战。他通过历史数据分析，揭示了高增长的稀有性和挑战性，引导投资者保持理性，关注实际经营成果而非虚幻的增长预期。

巴菲特通过对财务报表和股东信的审视，不仅表达了对当前业界存在问题的担忧，也展现了他卓越的品性与为人。

不找借口，只找解决方案

解读巴菲特给股东的第 37 封信（2001 年）

2001 年，对于许多投资者来说，是一个难忘的年份。这一年，股市整体下跌，许多投资者遭受了损失。就连被誉为"股神"的巴菲特，其成绩也受到了影响。2001 年，伯克希尔·哈撒韦的账面价值减少 37.7 亿美元，A/B 股每股账面价值下降 6.2%，而标普 500 下跌了 11.9%。然而，与一些投资者急于寻找借口不同，巴菲特选择了一种更为诚实和坦率的态度来面对这一挑战。

一、意外事件下的投资教训

在一次股东大会上，巴菲特被问及他是否介意与标普 500 指数进行对比。他回应说，总是有人说要拿他和标普 500 指数做对比，但他认为这里有一个重要的前提，那就是标普 500 指数必须是能给大家赚到钱的。如果它能做到，他不介意一直和它做对比；但如果它不能，那么这样的对比就没有意义。

在业绩不佳的时候，巴菲特没有选择逃避或找借口，而是勇敢地面对了现实。他认为，如果一个指数不能给投资人带来回报，那么与之对比就没有任何意义。

巴菲特的坦诚不仅仅体现在面对自己的业绩上，更体现在他对自己的错误的深刻反思上。1998年，巴菲特收购了一家名为通用再保险的公司。然而，在2001年的"9·11"事件中，这家公司给巴菲特带来了巨大的亏损。自1984年以来，伯克希尔积累了355亿美元浮存金，这一次直接亏掉了12.8%。

"9·11"事件是一个突如其来的恐怖袭击，它造成了巨大的破坏和人员伤亡。对于保险公司来说，这是一个前所未有的挑战。通用再保险在定价保单时，主要基于过去的历史成本数据，如大风、飓风、火灾、爆炸、地震等风险。然而，"9·11"事件是一个人为灾害，它在过去的数据中并没有出现过。因此，通用再保险在这次事件中遭受了巨大的损失。

巴菲特在反思这次事件时表示：我们犯了一个重大的错误。我们没有考虑到足以摧毁整个保险行业的风险敞口。我们没有考虑到恐怖事件等耸人听闻的事件虽然发生的概率低，但它们是否为零呢？此外，这类事件的概率是不是在增加呢？

自1984年起，伯克希尔·哈撒韦积累了355亿美元浮存金，此次亏损达12.8%。这次事件让巴菲特深刻认识到了自己在风险管理上的不足。他坦诚地表示：我们不能给自己找借口。找借口非常容易，但事实上是因为我们公司没有考虑清楚基于风险的敞口。

二、诚实面对，严格风险管理

巴菲特一直强调，投资的成功不仅仅取决于对市场的准确判断，更取决于对风险的严格管理。在巴菲特看来，一个成功的投资者必须接受自己能够评估的风险，并且必须控制承保的敞口。他认为，投资者在承保时必须保证各个承保之间不能相关，否则一个事件会关联其他一堆事件，导致更大的损失。

这种对风险的严格管理，让巴菲特在投资生涯中避免了许多潜在的陷阱。他曾经说我们总是觉得说可以找借口，但实际上是不行的。我们这个经验原来作为承保的一个核心，就是我们总是要去看历史数据。但是基于这种经验其实是非常危险的。

面对通用再保险的巨额亏损，巴菲特并没有选择逃避或掩盖。他果断地采取了行动，更换了通用再保险的 CEO，并且开始反思和调整自己的投资策略。

巴菲特深知，一家公司的成功不仅仅取决于其业务模式和市场环境，更取决于其领导团队的能力和智慧。因此，他在选择新的 CEO 时，非常注重候选人的聪明、充满正能量、关注细节以及高标准等特质。最终，他选择了阿吉特来领导通用再保险，而阿吉特也没有辜负他的期望，在后来的时间里为伯克希尔创造了巨大的价值。

三、用信用去举债，投资高确定性的资产

除了更换 CEO 外，巴菲特还开始寻找新的投资机会。他深知，在市场低迷的时候，往往隐藏着巨大的投资机会。因此，他开始关注那些因为突发事件而没有做好风险管理而破产的公司。他利用自己的信用和资金优势，联合一些银行发债，然后用这些资金去收购这些破产的公司。

这种投资策略让巴菲特在后来的时间里收获颇丰。他成功地收购了许多具有潜力的公司，并且通过自己的管理团队的努力，让这些公司重新焕发了生机。他的这种抄底策略不仅仅让他自己获得了巨大的回报，也让他的投资者们受益匪浅。

2001 年，由于"9·11"事件的影响，美国最大的提供飞机租赁业务的公司濒临破产。这是由于当时人们不敢坐飞机所致，然而，巴菲特和芒格决定投资，原因是投资前他们问了自己这样一个问题："大家以后不会再坐飞机了吗？"当答案是"不会"时，他们就决定找一家银行进行投资。

巴菲特与波士顿第一国民银行的合作是一个有趣的段子。1969 年，巴菲特在收购一家公司时缺少 1000 万美元。他找到了两家银行，其中一家是纽约的大银行，另一家是当时规模较小的波士顿第一国民银行。纽约的银行没有理他，而波士顿银行的两个业务员因为对巴菲特的相貌和潜力有好感，决定给他这笔钱。此后 30 年，巴菲特主要与波士顿第一国民银行合作发债。

值得一提的是，巴菲特曾在日本发行了 20 年的长期债券，利率只有 1% 左右。他用这些资金去投资了日本的 5 家具有百年历史的商社，并且每年都能获得 5% 左右的分红。这种投资策略让巴菲特在日本市场也获得了巨大的成功。

　　巴菲特的这种融资策略并不是盲目的。他在选择投资对象时，非常注重公司的基本面和长期发展前景。他只会投资那些具有确定性的、能够为他带来长期回报的公司。这种投资策略让巴菲特在投资生涯中避免了许多潜在的陷阱和风险。

揭露资本市场黑幕

解读巴菲特给股东的第 38 封信（2002 年）

2002 年，伯克希尔·哈撒韦公司在巴菲特的带领下，迎来了一个令人瞩目的丰收年。公司的账面价值增加 61 亿美元，A/B 股每股账面价值增加 10.0%，而标普 500 指数下跌高达 22.1%。

一、衍生品陷阱的深刻反思与应对

在伯克希尔的辉煌背后，也不乏曲折与挑战。其中，通用再保险的收购与清理便是最具代表性的案例之一。

在收购之初，巴菲特和查理·芒格便看到了通用再保险内部隐藏的衍生品定时炸弹。然而，他们试图将其转手卖出却未能成功。最终，巴菲特不得不亲自下场，用长达 8 年的时间清理了 2 万多张衍生品合同，为此付出了 4 亿多美元的代价。

这一过程不仅让巴菲特深刻认识到衍生品的危险性，也让他对金融市场的复杂性和不确定性有了更深的理解。他警告说衍生品这玩意儿其实完全就是靠想象力。

2001 年，美国能源巨头安然公司[1]爆发了一场震惊全球的财务丑闻。这不仅让安然公司轰然倒塌，也引发了全球对于企业财务透明度和金融监管的反思。安然事件的根源，深植于其复杂的衍生品交易之中。

　　安然公司曾以其创新的能源交易策略和庞大的衍生品业务而著称。这些衍生品合同涉及电力、天然气等多个领域，通过复杂的金融工程，安然公司将这些合同的价值计入财务报表，从而虚增了公司的利润和资产规模。在丑闻曝光前，安然公司的业绩看似辉煌，股价高企，市值一度膨胀至数百亿美元。

　　然而，这一切光鲜亮丽的背后，却隐藏着巨大的财务黑洞。安然公司通过复杂的会计手法和衍生品交易，将未来的预期收益提前确认，甚至虚构交易来粉饰财务报表。当市场条件发生变化，这些基于不切实际预测的衍生品合同开始暴露出巨大的风险时，安然公司的财务大厦瞬间崩塌。

　　对此，巴菲特表达了强烈的批判态度。他指出，衍生品交易本质上是一种基于未来不确定性的赌博，这种赌博极其危险。巴菲特用一个生动的例子来形容衍生品交易的荒谬性：咱俩今天赌一赌，内布拉斯加州在 2020 年到底会出生多少双胞胎。

　　因此，在股东大会上，巴菲特预见到衍生品可能引发的重大风险

1　美国安然公司（Enron）曾经是全球最大的能源公司之一，但在 2001 年因为财务造假丑闻而迅速破产，成为美国历史上最大的企业破产案之一。安然的崩溃揭露了会计和公司治理的重大问题，对全球金融市场产生了深远影响。——编者注

并警告说，华尔街一定会遇到衍生品的惊天大雷。这一预见在后来的 2008 年金融危机中得到了验证，显示出他超凡的市场洞察力和判断力。

二、价值与价格的平衡术

在 2002 年的股东大会上，巴菲特再次阐述了他的投资理念并给出了明确的投资标准。他强调，在寻找投资机会时首先要关注的是确定性而非价格。对于他而言，合理的价格必须建立在可预见且稳定的收益基础上。

他提出了一个明确的投资标准：税前利润收益率需达到 10%，税后则为 6% 至 7%，即市盈率不应超过 15 倍。这一标准在当时市场环境下显得尤为严苛，但也正是这份严苛让伯克希尔避开了许多泡沫和风险项目。

巴菲特深知价值与价格之间的微妙平衡术。他坚持价值投资理念，认为真正有价值的公司应该具备持续稳定的盈利能力、良好的管理团队和强大的竞争优势。在寻找这类公司时，他愿意以合理的价格买入并等待市场给予其应有的估值认可。这种长期视角和耐心持有策略让伯克希尔能够在波动不定的市场中保持稳健并取得优异业绩。

此外，巴菲特还谈到了对垃圾债券的投资经历。尽管这些债券风险较高，但在他看来只要风险与收益相匹配就值得一试。然而，由于他对确定性要求极高，所选出的垃圾债券收益率也相对较低。因此，这类投资对伯克希尔整体业绩贡献有限，但体现了他对风险控制的严格要求和谨慎态度。

三、财务造假与公司治理

在 2002 年，巴菲特再次指出了美国资本市场中存在的一个长期未解决的问题：许多公司未将股权和股票期权作为费用计入财务报表。巴菲特多年来一直呼吁将股票期权视为一项费用，但这一建议迟迟未被广泛采纳。他认为，正是这一财务处理上的漏洞，导致了大量公司与审计委员会之间的勾结，通过复杂的财务技巧来粉饰报表，掩盖了真实的经营状况。

巴菲特批评审计委员会在监管企业财务报表方面未能尽职尽责。他指出，审计委员会完全有能力对这些问题进行审查，但现实中往往选择忽视或回避。这是因为他们对这些欺诈行为心知肚明，却选择保持沉默。这种失职行为严重损害了资本市场的公平性和透明度。

为了改善这一现状，巴菲特向审计委员会提出了 4 个关键问题，以促使他们在审计过程中更加严谨和负责：

1. 独立性视角

如果审计机构完全独立，他们会提供怎样的财务报表来确保投资人充分了解公司状况？

2. 投资人需求

作为潜在的投资者，审计师提供的信息是否足以支持他们做出明智的投资决策？

3. 内控标准审视

作为公司的 CEO，是否认为现有的内部控制标准已经足够完善，无须任何改进？

4. 报告对比

在连续的财务报告中，是否存在合理的年度间对比，以反映公司的真实经营趋势？

巴菲特还提出了几项识别财务造假的建议，以帮助投资者和监管机构更好地识别潜在的风险：

1. 警惕会计准则的滥用

特别关注那些利用会计准则漏洞来美化报表的公司，如未将期权计入费用、养老金收益假设过于乐观或忽视折旧等。

2. 仔细阅读财务报告脚注

对于财务报告中的大量脚注，如果难以理解，不要轻易放过。这些脚注可能隐藏着管理层试图隐瞒的重要信息。

3. 理性看待盈利预测

对公司的盈利预测保持谨慎态度，尤其是对于那些承诺持续高增长的公司而言。因为公司的发展往往伴随着起伏和挑战，平滑增长的盈利预测很可能是不切实际的。

通过这些批判与建议，巴菲特不仅揭示了美国资本市场中存在的深层次问题，还为改善资本市场环境、提高审计质量和保护投资者利益提供了宝贵的思路。

准确评估公司增长率

解读巴菲特给股东的第 39 封信（2003 年）

从 2000 年到 2023 年，伯克希尔净资产增速超过 20% 的年份屈指可数，而其中之一就是 2003 年。巴菲特到底做了什么，让当时的伯克希尔每股净资产实现了惊人的 21% 的增长呢？

一、资本回报与盈利增长

很多人误以为伯克希尔只是一家投资公司，但实际上，它早已超越了这一范畴，成长为一个庞大的实业帝国。在 20 世纪 80 年代，伯克希尔的股票资产占净资产比例还相当高，但随着时间的推移，股票资产占比逐渐下降至一半左右，另一半则是伯克希尔持有的各类产业。

巴菲特的投资理念，本质上是一种企业家思维。他选择投资的企业，不仅要看其当前的盈利能力，更看重其长期发展的潜力和管理团队的能力。这种深度参与企业运营的投资方式，让伯克希尔不仅仅是财务上的投资者，更是企业成长的伙伴。

在 2003 年的致股东信中，巴菲特明确指出了衡量公司价值的两个核心要素：**一是投入资本的回报率**，他觉得永远不能脱离投入多少钱以及赚了多少钱来探讨问题。**二是盈利的增长**，也就是每年利润的增长幅度。他强调，投入资本的回报率反映了企业利用资本的效率，而盈利增长则直接体现了企业的成长潜力。这是考察公司有无价值的关键因素。

巴菲特提醒投资者要警惕那些声称能以极少资本赚取高额利润，并且业绩爆发式增长的公司。这类公司往往存在财务造假的嫌疑，投资者需保持高度警惕，通过深入分析公司的财务报表和业务模式，来识别其中的陷阱。

此外，巴菲特还以伯克希尔自身为例，巴菲特在接管初期（如 1965 年），公司规模很小且盈利刚刚达到平衡。如果将这一时期的数据纳入增长率计算，可能会得出每年复合增长率高达 60% 至 70% 的夸张结果。然而，这并非公司真实成长能力的反映，而是初期基数极低所致。

巴菲特建议，为了更准确地评估公司的长期增长率，应从公司运营相对稳定的时期开始计算，如伯克希尔从 1968 年至 2003 年的平均增长率为 22.8%，这一数字更为真实地反映了公司的成长速度。如果从 1965 年开始算，它的增长率就变成了 40% 多，这显然是离谱的。

巴菲特的投资哲学强调了对公司增长率和投入资本回报率的合理考察以及对财务陷阱的警惕。他认为只有深入分析公司的真实运营情况和财务健康状况，才能做出明智的投资决策。这些观点不仅适用于专业投资者，也值得所有关注股市动态的人士深思和学习。

二、霍姆斯公司的收购与整合

2003 年，巴菲特进行了一项重要收购，目标直指美国预制房屋市场的领军企业——克莱特房屋公司[1]。该公司专注于快速建造的预制房屋，占据美国预制房市场约 15% 的份额，是行业内的佼佼者。巴菲特长期关注这个领域，尽管早年因投资同行业垃圾债券而蒙受损失，但他坚信预制房屋行业有潜力，很多人有快速建房子的需求。

然而，巴菲特深知房地产行业的脆弱性，尤其易受金融波动影响。他深入分析了克莱特房屋公司的运营模式，发现其高度依赖贷款来维持运营，这令他警觉到潜在的现金流风险。特别是当遇到经济下行或信贷收紧时，那些本应谨慎放贷的对象却轻易获得贷款，最终可能导致违约潮，进而危及整家公司的财务健康乃至整个行业的稳定。这种洞察，让他预见到了 2008 年次贷危机的隐患。

巴菲特始终密切关注着他所喜爱的克莱特房屋公司。其中的缘由是他觉得该公司的前任掌门人格外出色，他甚至仔细研读了这位掌门人的自传，也因此对这家公司充满了特殊的情感。前任掌门人退休后，将公司交接给了接班人。巴菲特认为该公司在二代接班过程中很

---

1 克莱特房屋公司是美国最大的预制房屋制造商之一，隶属于伯克希尔·哈撒韦公司，于 2003 年被沃伦·巴菲特领导的企业集团收购。克莱特房屋成立于 1956 年，总部位于田纳西州玛丽维尔，专门提供预制房屋、模块化房屋和小型房屋，致力于为不同收入阶层的家庭，提供价格合理的住房解决方案。——编者注

可能会出现问题。果不其然，接班人上任不久后在现金流管理方面出现严重失误。公司随即陷入重大困境，面临现金流即将崩盘的危局。恰在此时，巴菲特现身，宣称要收购这家公司。由于对方公司已然濒临绝境，所以即刻就同意了巴菲特的收购提议。

收购后，巴菲特迅速采取行动，重塑克莱特的经营策略。

第一件事是不让公司再从银行借钱然后放贷给购房者，他觉得这种模式不可靠。于是采取措施加强对购房者的筛选，不允许低首付，只允许高首付，让购房者自行选择是否购买，严格筛选购房者，降低违约风险。

第二件事是伯克希尔与多家银行合作，利用大数据分析技术评估贷款人的还款能力，进一步增强了风险控制。这些举措不仅稳定了克莱特的财务状况，还使其在后续的金融危机中保持了相对稳健的运营，避免了全面崩溃的命运。

尽管克莱特最终并未给伯克希尔带来丰厚利润，且因房地产行业特性而伴随诸多挑战，但巴菲特这次收购公司并进行整合这一系列操作，还是有很多值得探讨和借鉴之处。从风险把控到资源整合，展现了巴菲特独特的投资和经营理念。

三、董事必须与股东紧密捆绑在一起

在 2003 年的时候，巴菲特提出要好好选拔伯克希尔的董事。巴菲特认为，对于像伯克希尔这样业务结构非常复杂且有点偏向投资的公司来说，一个强大的董事会对于公司长期发展至关重要。

巴菲特对董事提出了三个要求：第一，利益绑定所有人，只要做伯克希尔的董事，就必须把主要身家全部投入进来，不允许只在这领工资；第二，必须一切以股东利益为先；第三，必须是巴菲特非常认可的人。按照这个标准，巴菲特重新梳理了公司的董事会，为了满足这些要求，巴菲特不仅要求董事会成员大量持有伯克希尔的股票（至少400万美元），还拒绝了任何形式的董事保险和额外薪酬。这种高度绑定的方式确保了董事会成员与股东利益的一致性。董事必须与股东紧密捆绑在一起，股东盈利董事则大赢，股东亏损董事则可能面临破产。

无为并非真的无所作为

解读巴菲特给股东的第 40 封信（2004 年）

到了 2004 年，伯克希尔·哈撒韦在巴菲特的执掌下走过了第 40 个年头。从那个曾经挣扎在生死线上的纺织厂，已经转变成为一个资产盈利能力极强的多元化控股公司。这 40 年间，标普 500 指数的年化回报率仅为 10.9%，而伯克希尔的表现格外抢眼，其内在价值大幅超越账面价值 21.9% 的成长率。

一、"无为"与巨额现金储备

在 2004 年，当市场纷纷寻找投资机会时，巴菲特却选择了"按兵不动"。这一年，伯克希尔的账面上躺着惊人的 430 亿美元现金，这笔巨款静静地等待着被投入更具价值的项目。巴菲特的"无为"并非真的无所作为，他深知，在市场没有找到真正心仪的标的时，保持现金的流动性比盲目投资更为重要。

在投资界，耐心往往比冲动更能带来长久的回报。**有时候，最好的投资就是等待，等待那个一击即中的机会。**

随着投资生涯的延长，巴菲特逐渐认识到投资领域的复杂性和自身知识的局限性。在 2004 年的股东大会上，他提出了一个引人深思的建议，即对于大多数投资者而言，直接投资指数基金可能是一个更为明智的选择。

巴菲特提出这一建议的核心理由有三点：

1. 成本效益

通过购买指数基金，投资者可以节省两笔显著的费用。首先，无须向基金管理人支付管理费，这降低了长期持有的成本。其次，避免了频繁交易所产生的交易成本，因为指数基金通常采取买入并持有的策略，减少了因市场波动而进行的无谓买卖。

2. 分散投资的优势

指数基金能够自动为投资者提供一个广泛分散的投资组合，涵盖美国市场的各行各业。这种分散化不仅降低了单一股票或行业带来的风险，还确保了投资者能够享受到市场整体增长的红利。相比之下，依赖小道消息或个人偏好构建的投资组合往往难以达到同样的分散效果，且可能蕴含更高的风险。

3. 市场趋势的不可预测性

巴菲特强调，尽管许多投资者试图通过市场"择时"来获取超额收益，但实际上这种做法往往难以奏效，甚至可能适得其反。**市场趋势难以准确预测，而所谓的"择时"策略很多时候只是追涨杀跌的另一种说法。**因此，他主张投资者应放弃对短期市场波动的过度关注，转而信任长期的市场增长潜力。

总之，巴菲特建议普通投资者放弃复杂的投资策略和试图战胜市场的幻想，转而选择简单、低成本的指数基金投资方式。

二、确保每一张保单都能盈利

伯克希尔的成功，离不开其强大的保险业务支撑。然而，保险行业在巴菲特看来是一个比较平庸且竞争激烈的生意，因为其销售的是标准产品，客户通常并不在意从哪家公司购买保险。巴菲特曾举例说，客户会明确说要一瓶可口可乐，但不会说要买国民保险公司的保单。

那么，巴菲特是如何在保险领域脱颖而出的呢？答案在于他对成本控制的极致追求和对市场机会的敏锐洞察。

1. 标准化保险

在伯克希尔的保险业务中，标准化保险产品（如汽车保险、通用保险等）与其他竞争对手相比，并无优势。然而，伯克希尔之所以能在这类业务中脱颖而出，主要归功于巴菲特独特的管理理念和团队构建。

巴菲特精心挑选了一批极其理性的管理层人员。这些管理者不仅具备专业的保险知识，更关键的是他们能够理解并执行巴菲特的成本控制理念。

伯克希尔坚持一个核心逻辑——**承保价格必须能产生利润**。这意味着，在定价时，公司已经考虑了所有成本和预期损失，确保每一张保单都能为公司带来盈利。

从 1980 年到 2000 年的 20 年间，尽管保险行业竞争加剧，但伯克希尔的保险业务大部分时间都保持了盈利状态。在这 20 年里，仅有 3 年未能实现盈利。

为了实现持续盈利的目标，巴菲特采取了独特的员工激励措施。他向员工承诺，即使公司业绩下滑，也不会轻易裁员。但前提是员工必须遵守公司的盈利原则，即不承接无法盈利的保单。这种**"要利润不要规模"**的理念，不仅增强了员工的忠诚度，也确保了公司长期的财务健康。

2.GEICO 汽车保险

GEICO 汽车保险是巴菲特投资并成功转型的一个典型案例，其核心竞争力在于其成本优势，这使得它能够以比竞争对手更低的价格提供保险服务。

巴菲特认为，每个客户对 GEICO 的长期价值远超过初次投保的费用。为此他提出了一个关键理念：**只要获客成本低于客户长期价值的某个设定值（如他所说的 1000 美元），公司就应该加大市场投入，通过广告等渠道积极吸引新客户。**这种策略在当时是非常具有前瞻性的，因为当时互联网行业还未广泛普及"获客成本"和"ROI"（投资回报率）等概念。

为了确保这一策略的有效实施，巴菲特对 GEICO 的管理层提出了明确的要求。巴菲特说了这么一句话："GEICO 的 CEO 托尼必须踩在广告投放的油门上，而我的脚会踩在托尼你的脚上。"意思就是要大力进行广告投放，疯狂引流，不遗余力地扩大品牌影响力和市场份额。

从 1996 年巴菲特收购 GEICO 开始，公司的营销费用大幅增加，从最初的 3000 多万美元增长到数亿美元。同时，GEICO 的市场份额也从 1.9% 显著提升至 6%。这一转变不仅证明了巴菲特市场策略的成功，也巩固了 GEICO 在汽车保险行业的地位。

3. 再保险

伯克希尔的再保险业务是其保险帝国中不可或缺的一部分，它不同于标准化的保险产品，而是涉及为其他保险公司提供保险保障，具有周期长、数额大的特点。

伯克希尔拥有庞大的资金储备，使其能够轻松应对再保险业务中可能出现的大额赔付需求。这种资金优势让伯克希尔能够向市场传递出强烈的信心，即无论面对何种规模的灾害或风险事件，伯克希尔都有能力兜底。

从三个方面来审视巴菲特的保险业务，便能够深刻体会到他的非凡之处。巴菲特领导的保险公司每年能挣 15 亿美元的净利润，同时还有 452 亿美元的浮存金可供投资，并且投资挣的钱也归伯克希尔所有。在全球范围内，唯有伯克希尔能够达成这样的成就。这也不禁让人对那些质疑巴菲特是否为"白手套"操盘手之类的声音报以一笑，因为他在保险领域的辉煌成就，本身就是最有力的反驳。

三、看空美元，对外汇下注

2004 年，巴菲特还看空美元。此前他从未涉足外汇投资，可就在这一年，他大胆投入超 200 亿美元，因为他坚信美元一定会贬值。

2000 年，美国国会报告贸易逆差显著扩大，当时未受大众广泛关注，巴菲特却捕捉到了这一关键信息。贸易逆差从 2000 年的 2000 多亿美元到 2004 年激增至 6000 多亿美元，如此迅猛的增长让他认定贸易差的问题必将解决，赌美元会崩盘。

在 2004 年，巴菲特公开表示，他对外汇的投资并非毫无风险，作为公司管理者，他深知这一决策可能带来的后果。然而，他认为尽管外汇投资属于非传统领域，存在失败的可能性，但一旦成功，回报将是丰厚的。更重要的是，他相信赢的概率非常大。因此，他毅然决然地投入了 200 多亿美元，押注美元将大幅贬值。这一举动不仅展现了他的胆识和远见，也再次证明了他作为投资大师的独特眼光。

远离债务，慎用杠杆

解读巴菲特给股东的第 41 封信（2005 年）

2005 年，伯克希尔·哈撒韦每股增长 6.4%，超过标普 500 的 4.9%。尽管公司与保险业遭遇卡特里娜等三大飓风重创，导致近 34 亿美元损失，伯克希尔整体仍表现不俗。其中 GEICO 汽车保险不仅未受影响，反而再创辉煌，两年间经营效率提升 32%，保单增加 26%，收益大增，员工数反而减少了 4%。还有，这一年巴菲特进行了 5 起并购，其中 2 起并购已完成，而且公司下属的大多数业务经营良好。

一、经济基础与上层建筑

巴菲特一直强调伯克希尔的双轮驱动战略：一方面通过实业运营每年贡献稳定的利润；另一方面利用闲置资金进行高回报率的投资。若投资亏损有实业兜底，实业不佳时投资收益也能支撑。在他看来，伯克希尔就是这样一个相互支撑的公司。

巴菲特指出，伯克希尔的投资占比在过去 10 年中逐渐下降，而自营业务的占比则不断上升。这主要得益于巴菲特持有的公司利润情况越来越好，使得自营业务成为伯克希尔盈利增长的重要驱动力。同时，巴菲特对投资的谨慎态度也导致伯克希尔持有大量现金，以备不时之需。这种投资策略不仅保证了伯克希尔的财务稳健性，也为其应对市场波动提供了充足的安全垫。

在信中，巴菲特分享了自己对实业与投资关系的深刻理解：实业是伯克希尔的基石，为公司提供了稳定的现金流和持续的利润增长；而投资则是伯克希尔的加速器，通过精准的投资决策为公司带来了额外的收益和增长动力。

巴菲特对投资的谨慎态度也体现在他对股票持仓的管理上。他始终保持着对市场的敬畏之心，不轻易涉足自己不熟悉或不确定的领域。同时，他也非常注重现金流的管理，确保公司有足够的资金应对突发情况和抓住投资机会。这种稳健的投资风格，让伯克希尔在市场波动中始终保持着主动权。

随着自营业务越来越多样化，为了帮助投资者更直观地评估伯克希尔的内在价值，巴菲特提出了两个核心指标：

1. 每股所含的投资资产

这一指标直接反映了伯克希尔的投资实力和潜在增长潜力。投资者可以通过观察这一指标的变化，来评估伯克希尔的投资布局和长期发展前景。

2. 每股盈利

作为衡量企业盈利能力的重要指标，每股盈利直接体现了伯克希尔的盈利能力和运营效率。投资者可以通过分析这一指标的变化，来评估伯克希尔的盈利状况和潜在投资价值。

二、客户至上，提升客户体验

在信中，巴菲特多次强调客户满意度的重要性。他认为只有真正关心客户需求、提升客户体验的企业才能在激烈的竞争中立于不败之地。他批评了那些为了短期利益而牺牲客户体验和品牌信誉的企业行为，认为这是导致企业衰败的根本原因。巴菲特指出，**拓宽"护城河"是企业抵御市场变化和竞争对手冲击的关键，只有不断巩固和扩大自身的竞争优势，才能确保企业的长期稳定发展。**

在 2020 年疫情期间，巴菲特的一些行为展现了什么是客户至上。疫情期间，巴菲特敏锐地观察到了社会行为的变化——由于人们居家隔离，驾驶减少，车祸率大幅下降，导致许多客户实际并未享受到与其保费相匹配的保险服务。因此，在巴菲特的要求下，GEICO 做出了一个惊人之举，将客户在 2020 年支付的共计 25 亿美元的保费退还给客户，这一举动不仅赢得了客户的广泛赞誉，也彰显了其社会责任感。

与此同时，伯克希尔旗下的运通信用卡业务量下滑 50%，许多客户还不上信用卡，面临高达 155 亿美元的违约金额。运通的 CEO 斯蒂夫向巴菲特寻求指导。然而，巴菲特却告诉斯蒂夫，不用过于担心亏损问题，当下最重要的是照顾好客户以及维护好品牌，毕竟疫情总会过去的。

三、投资人被华尔街利用

巴菲特还推荐过《客户的游艇在哪里》一书。从这本书里也能看出巴菲特的一些理念。比如，大家去参观华尔街以及各种豪华场所时，向导会介绍这是谁谁的游艇。但巴菲特说他并不关心那些银行家或者证券经纪人的游艇，他关心的是客户的游艇在哪里。

所以在 2005 年，巴菲特对华尔街的一些糟糕现象进行了特别的批评。从 1899 年到 1999 年这长达百年的时间里，美国道琼斯工业指数从 66 点一路暴涨到 1 万多点，涨幅惊人，这背后是美国公司的蓬勃发展。然而，巴菲特却在 2005 年向众人抛出了一个深刻的问题：美国投资人真的赚到钱了吗？他指出一个事实，绝大多数人并没有挣到钱。为什么会这样呢？原因在于当股票大幅上涨的时候，所有投资人自我感觉都特别良好。然而，有没有想过在中间波动时你会因着急而退出市场，结果就是在高点买入又在高点卖出，反复折腾。如此一来，尽管美国股市在 10 年间暴涨，但其中很多投资人都未挣到钱。

所以，巴菲特说这里面的关键在于股市像是一个抢座位的游戏，本质上是个接盘游戏。很多人把它当成了抢座位的游戏。如此一来，他指出投资人被华尔街利用，从而产生了大量的摩擦成本。这些摩擦成本使得投资人在股市中不停地买卖，最终发现自己并没有赚到钱。

在 2005 年，巴菲特讲了一个十分晦涩难懂的例子。他说美国有众多的股票公司，如果一个家族持有美国所有公司，那这个家族肯定一代比一代更富有，因为所有公司都归其所有。

然而，这时候华尔街来了一些人。他们对这个家族说："你一直这么持有公司有啥意思呀？你应该把其中一部分公司卖给另外一拨人，这样你一下子就能套现很多钱。"于是，这个家族被说动了。接着，华尔街的这帮人帮他们完成了这个交易，当然也收取了一些佣金。巴菲特说，这个帮手就是券商。就这样，这个家族基本上还是拥有美国的所有公司，但已经卖掉了一些给另外一些人，可以姑且认为另外那些人是这个家族的兄弟。这时候，这个家族会发现，想要自己这部分公司打败另外那部分公司其实有点难。

　　紧接着，华尔街又来一拨人说："别慌，你为什么打败不了他呢？原因在于你没有好好雇用一拨专业的人。"他们口中的专业的人在华尔街有个名字叫投资经理。这拨投资经理来了之后，可想而知，整个家族的处境越来越艰难，因为一会儿要给券商钱，一会儿要给投资经理钱。这时，华尔街又来了一拨人，他们说："你为什么现在这么难呢？是因为你挑这些投资经理挑得不好，你应该雇佣一波特别牛的人帮你挑投资经理。"这拨人叫什么呢？叫机构顾问或者叫理财规划师。你看，这个家族搞了半天养了三拨人了，但是挣的钱显然比原来更少了。所以，正当这个家族为难的时候，又来了一拨人，他们说："别慌，为什么你现在越做越差呢？原因在于你的激励不够。你怎么能指望这些投资经理帮你赚到钱呢？你得激励他们。"这个家族的人就问怎么激励，这第四拨人给出的方案很简单，就是应该给他们固定的薪水，再加上一些期权和股权，要和他们分利，他们挣的钱要分走20%，每年还要给他们2%的管理费。在华尔街，这就叫对冲基金。

你会发现，这个家族本来日子过得好好的，结果被华尔街这么一折腾，五拨人向他们收费。最后这个家族还能挣到钱吗？所以巴菲特说，华尔街在这里面起到了非常不好的作用，这个作用就是不停地制造摩擦成本，不停地夸大成功、放大失败，不停地让大家在里面疯狂。巴菲特还引用牛顿的话说："我能计算天体的运动，但无法了解人类的疯狂。"

巴菲特说的话让人深思，大家想想就会明白，道琼斯指数、标普500指数，美国股市增长幅度如此之大，然而真正从中挣到钱的人却极少。巴菲特认为这就是华尔街存在的问题，即大家一直在进行频繁交易。所以巴菲特说，若你想在股市中赚到钱，只有一个办法，那就是持有优质的生意，而不是不停地进行交易。

四、远离债务与慎用杠杆

巴菲特对债务的厌恶是众所周知的。他认为杠杆是一把双刃剑，虽然能放大收益，但也同样能放大风险。芒格对此进行补充说，如果一定要使用一点杠杆，那必须得确保毫无风险。

那巴菲特为什么不愿意使用杠杆呢？原因很简单，公司的投资人以及董事们的大部分钱财都在公司里。一旦公司遭遇灾难，对他们而言就是灭顶之灾。因为公司承保了众多保单，要保证50年之后那些伤残者等各类相关人员都能顺利拿到保单上所承诺赔付的金额。所以从这个角度出发，必须保障绝对的安全，无论发生金融风暴、股市关闭，还是核弹袭击、生物攻击等情况，都要确保公司的稳定与安全，这就是巴菲特不愿意使用杠杆的重要缘由。

伯克希尔必须保证在任何情形下，公司的净资产、盈利能力以及流动性都能够轻松应对各种状况。有人会问，他不是有借钱买公司的情况吗？这里面是有门道的。巴菲特借钱一般只有几种情形。第一种情况，他会利用赚取的利差，去进行比如购买美国短期国债等债券的回购交易之类的操作。第二种情况，就像有人提到的，巴菲特经常凭借自身信用去银行借钱，然后再把这笔钱借给一个能给予比银行利率更高且回报具有确定性的公司。比如当年他收购 home 服务公司，还有他投资日本的五大商社时都是如此操作。虽说不能保证 100% 没有风险，但巴菲特和芒格认为这种操作风险极低，即把低利率借来的钱，投资到有更确定分红的公司中去。这样既利用了资金杠杆，又在一定程度上保障了资金的安全性和收益的确定性。第三种情况是巴菲特在某些特定情形下也会允许借债。他下属的一些能源公司会进行借债。要知道能源公司的特性决定了开展其核心业务往往需要借大量的债。不过，巴菲特会确保这些债务与母公司之间不存在任何的追溯权利，并且进行充分隔离，这一点他都已经确认妥当。由此可见，巴菲特非常反对使用杠杆，同时他也不鼓励大家运用杠杆。

最后，以巴菲特在 2005 年股东大会上的一句经典话语来给大家一些启示：一连串让人激动的大数字只要乘以零，结果仍然是零。他告诫投资者要远离杠杆，保持清醒的头脑和稳健的投资策略，才能在市场中立于不败之地。

传承与创新的投资之路

解读巴菲特给股东的第 42 封信（2006 年）

2006 年，伯克希尔·哈撒韦继续保持增长，每股的账面价值增加 18.4%。也就是在这一年，巴菲特手里可自由配置资产首次突破了 1000 亿美元大关，伯克希尔已经发展成为一个规模巨大的公司。

一、官僚主义的担忧

此时的巴菲特始终在思索一个关键问题，即如何防止规模化引发的官僚主义。他明确指出，规模的扩大会滋生官僚主义，而官僚病表现为对变化反应迟钝、自以为是。接着，他回顾起 1965 年，那时巴菲特刚刚掌管伯克希尔·哈撒韦，似乎从那时开始给股东写信还是昨天发生的事情一样。在 1965 年，美国最大的 10 家公司有通用电气、通用汽车、杜邦[1]、柯达[2]、西尔斯百货[3]等。然而，到了 2006 年，只剩下一家公司还在榜单之上，其他公司都逐渐走向没落。这背后的原因在于，很多公司一旦规模变大，就会抵制变化，难以实现基业长青。在巴菲特之后的历年股东大会中，他都会提及这个问题。如今，当我们思考像百度这样的巨型公司时，也会思索它们该如何实现快速变革。评估伯克希尔的价值是一个重要的问题，毕竟它是从一个破旧的纺织厂逐步发展起来的，如今拥有 22 万名员工以及 1000 亿美元的收入。

1　杜邦是一家成立于 1802 年的美国科学企业，以其创新的产品、材料和服务在全球市场提供科学和工程能力，协助应对各种全球性挑战。杜邦公司的业务遍及全球 90 多个国家和地区，涉及农业与食品、楼宇与建筑、通信和交通、能源与生物应用科技等多个领域。2013 年，研发投入达 22 亿美元，获批约 1050 项美国专利和约 2500 项国际专利，在全球拥有超过 10000 名科学家和技术人员，以及超过 150 家研发设施。——编者注

2　柯达是一家专注于印刷和先进材料与化学品的全球技术公司，主要业务领域包括商业印刷、包装、出版、制造和娱乐等，为客户提供硬件、软件、耗材和服务。柯达在数码印刷、传统印刷、先进材料和化学品等方面都有涉及，包括连续喷墨打印解决方案、胶印版、胶片、先进材料、功能性印刷解决方案以及合成化学品等。柯达以其广泛的优质产品组合、响应式支持和世界一流的研发能力而闻名，致力于环境保护，并在开发可持续解决方案方面发挥领导作用。——编者注

3　西尔斯百货成立于 1886 年，最初以邮购业务起家，出售手表、珠宝等小件商品。1925 年，西尔斯开设了第一家实体百货商店，并在 20 世纪中叶成为美国最大的零售卖场之一。西尔斯在 2018 年申请了破产保护。破产后，艾迪·兰伯特通过他的对冲基金收购了西尔斯的剩余业务，并将其更名为特福康。——编者注

二、价值评估与接班人问题

在 2006 年的股东大会上，巴菲特再次强调了伯克希尔的价值评估方法。他认为，伯克希尔的价值主要体现在每股所含的投资价值以及每股的税前利润上。具体来说，他提出了一个简化的估值公式：**每股价值近似于每股的投资价值加上 10 倍的每股税前利润**。这个公式虽然简单，却蕴含了巴菲特对伯克希尔长期增长潜力的信心。

除了公司价值的评估外，接班人问题也是巴菲特长期关注的焦点。从 2005 年开始，他就在股东大会上不断提及这一问题，并为此制定了详细的计划。巴菲特深知，一个优秀的接班人对于伯克希尔的未来至关重要。因此，**他精心挑选了三位潜在的接班人选**，并设计了相互制衡的接班机制。如果其中一个人出现了问题，另外两个人还可以进行替换，同时，一个接班人在接掌大权时，会得到另外两个未接掌大权的人的协助。他始终坚持这种保持三个接班人的模式。事实上，他旗下最优秀的公司 GEICO 也一直采用这种三个接班人的模式。三个接班人之间保持互相的压力，既是一种动力，也是一种约束，有助于确保他们始终保持在最佳状态。

巴菲特十分看好辛普森，希望他作为自己未来的接班人。辛普森是全美汽车保险龙头企业 GEICO 的首席投资官，然而他无意做巴菲特的接班人，在 2011 年选择了退休。

在接班人的选择上，巴菲特的要求极高。他认为，接班人要有不同寻常的性格，他觉得很多所谓的投资能力，本质上是性格因素。要想长期带领伯克希尔·哈撒韦走向成功，必须情绪极其稳定、能独立思考，并且对人性和机构行为有非凡的理解。

巴菲特觉得很多年轻人虽够聪明，但在投资行业中，聪明并非成功的必要条件。同时，他认为接班人必须特别喜爱伯克希尔的文化。伯克希尔的文化在于不能仅仅为了钱而工作，而是要塑造一个经久不衰的基金品牌。

三、海外扩张与精准投资

2006 年，巴菲特迈出了他海外投资战略的重要一步，成功收购了以色列的伊斯卡公司（ISCAR）80% 的股份。这一举措标志着伯克希尔在全球化布局上迈出了新的一步。

此时的伯克希尔已经发展成为一家拥有数千亿美元资产和收入的庞大帝国，但巴菲特一直保持着谨慎而稳健的投资风格。直到 2005 年，他收到了来自以色列伊斯卡公司董事长埃坦·韦特海默（Eitan Wertheimer）的一封信。埃坦在信中表达了自己即将退休，但家族内无合适接班人的困境，希望将公司出售给伯克希尔，以确保伊斯卡能够继续繁荣发展。

这一提议深深打动了巴菲特。他认为，伊斯卡作为全球最大的金属切削刀具生产商之一，拥有稳定的市场地位和良好的经营业绩，是一个极具吸引力的投资目标。更重要的是，由于家族传承问题，伊斯卡迫切需要一个稳定且有能力的接手方，这对于伯克希尔来说无疑是一个难得的机会。在收到埃坦的信后，巴菲特迅速做出了反应。他邀请埃坦于 2005 年 11 月在奥马哈会面，双方进行了深入的交谈。巴菲特对伊斯卡公司的经营管理层给予了高度评价，并决定进一步了解以色列的税收政策和法律环境。

经过一系列详尽的尽职调查和准备工作，巴菲特于 2006 年 7 月正式宣布斥资 40 亿美元收购伊斯卡公司 80% 的股份。值得一提的是，巴菲特在收购过程中始终保持着谨慎而高效的态度。他坚信，只有在充分了解和评估目标公司后，才能做出明智的投资决策。因此，在决定投资前，他花费了大量时间进行前置工作，包括与创始人及管理层面对面交流、深入了解公司运营状况和市场前景等。

以美国森林河[1]房车公司的收购为例，巴菲特仅用了极短的时间就完成了交易决策。这背后是他对房车市场的深入了解和对森林河公司竞争优势的准确判断。他相信，一个拥有优秀历史业绩和管理团队的公司，能够在未来继续保持良好的发展势头。这种基于长期视角的投资决策使得伯克希尔在多个领域取得卓越的投资成果。

巴菲特此次投资伊斯卡公司，再次印证了他一贯坚持的投资理念：**寻找具有长期优秀经营业绩和稳定市场竞争力的公司，并重点关注公司管理层的人品和对事业的热爱程度。**他认为，一个热爱事业而非仅仅追求金钱的领导者，更有可能带领公司走向成功。

---

1 美国森林河成立于 1996 年，由彼得·利格尔创立。公司总部位于印第安纳州的艾克哈特。美国森林河主要致力于生产休闲车辆（房车）、货运拖车、多用途拖车、浮桥船和公共汽车。它是北美最大的房车制造商之一，生产包括 A 级和 C 级房车、旅行拖挂房车、第五轮鹅颈房车、玩具搬家工房车、野营房车和旅居房车等多种类型的产品。——编者注

沃尔特的启示：投资大师的另类智慧

在 2005 年股东信息发布时，巴菲特讲过一个关于华尔街的故事。原本好好的情况，经过华尔街一番操作后，让投资者亏了很多钱。所以巴菲特说投资行业有个荒唐的现象：有经验的人给有钱人提建议，最后有经验的人挣了钱，有钱人却通过亏钱获得经验。他说这是投资行业很离谱的事，没钱但有经验的人通过给有钱人提供建议赚了钱，而有钱人只收获了经验却亏了钱。

巴菲特一直认为华尔街是个"草台班子"，没几个人对投资有深刻理解，不过其中有一个他非常欣赏的人叫沃尔特。从 1956 年到 2002 年，沃尔特一直管理着一个投资基金。当年巴菲特也曾管理过一个合伙制基金，不过后来失败解散了。巴菲特解散合伙制基金后，曾推荐所有有限合伙人去买一个人的基金。那个人就是沃尔特。

巴菲特十分欣赏沃尔特，他说在 1956 年认识沃尔特的时候，沃尔特的办公室仅有一个文件柜，到 2002 年变成了三个文件柜。沃尔特没上过商学院，也没读过大学，既没有秘书也没有会计，唯一的助手就是他儿子。巴菲特说，这就是真正的投资大神呈现出的非常态形象。

格雷厄姆作为真正的投资达人，沃尔特还曾给他打过工。后来沃尔特的投资理念十分简单，就是"捡烟头"。沃尔特是巴菲特的恩师格雷厄姆"捡烟头"理论的忠实实践者之一。巴菲特认为有 9 位杰出的投资者是格雷厄姆的真正追随者，而沃尔特无疑是其中最为耀眼的明星。在沃尔特投资的 28 年里，他取得了令人瞩目的年化回报率——21.3%，这一数字远超同期标普指数 8.4% 的回报率。这样的业绩，无疑是投资领域内的杰出成就。

沃尔特认为，只要价格足够便宜，即使公司的基本面并不完美甚至存在一些瑕疵，也值得投资。这种策略使得他能够在市场上发现许多被忽视的投资机会并获取超额回报。与巴菲特后来注重优质公司不同的是，沃尔特更关注价格因素在投资决策中的重要性。

沃尔特的投资哲学对巴菲特产生了深远的影响。虽然两人在投资策略上存在差异（如巴菲特后来更倾向于以合理价格购买优质公司），但他们都坚信价值投资的重要性并致力于寻找被市场低估的投资机会。

全球投资界的领航者

————————

少犯错误，

你就可以超过绝大多数人

05

2007—2023（76—92 岁）

巴菲特在国际市场的博弈中，通过一系列精准的投资决策，进一步巩固了自己在全球投资界的地位。

在此期间，巴菲特不仅在美国市场进行投资，还积极寻求国际市场的机会。特别是在中国等新兴经济体中，他通过伯克希尔·哈撒韦的精准布局，投资了诸如比亚迪等一系列明星企业，收获了满满的财富果实。

面对 2008 年全球金融危机的汹涌来袭，巴菲特凭借他那历经风霜的稳健投资策略和超乎常人的市场敏锐度，不仅成功抵御了危机的冲击，更是在危机中寻找到了新的机遇，通过增持优质资产、投资金融机构等举措，为伯克希尔·哈撒韦的稳健增长注入了强劲动力。

此外，巴菲特还始终保持着开放和包容的心态，积极参与全球投资者的交流与合作，通过分享自己的投资心得和成功经验，与全球投资者建立了深厚的友谊与信任，进一步提升了伯克希尔·哈撒韦在全球投资界的知名度和影响力。

次贷危机前夜已警醒

解读巴菲特给股东的第 43 封信（2007 年）

2007 年，伯克希尔的净资产实现了 11% 的增长，这一数字背后是公司旗下 76 家子公司的共同努力。然而，在这看似繁荣的表面下，市场正酝酿着一场风暴——次贷危机已经悄然逼近，而巴菲特，这位投资界的智者，早已敏锐地捕捉到了这一危机的前兆。

一、玛蒙控股的收购

在伯克希尔的净资产稳健增长的同时，巴菲特也在积极寻找新的投资机会。2007 年，他成功收购了玛蒙控股公司。

玛蒙控股公司是一家业务庞杂、难以捉摸的企业。然而，对于巴菲特而言，这并非难题。他早在 1988 年就开始关注这家公司的前身，多年的观察让他对玛蒙控股有了深入的了解。因此，当收购时机成熟时，他果断出手，成功将其纳入伯克希尔的版图。

巴菲特的这一收购决策，再次验证了他的投资哲学：寻找能看懂的生意、长期向好的行业、值得信赖的管理层以及合理的价格。玛蒙控股无疑符合这些标准，它不仅拥有稳定的现金流和良好的盈利能力，还具备广阔的市场前景和强大的竞争优势。

在股东大会上，巴菲特分享了他的"三类生意"理论，将玛蒙控股归类为"伟大的生意"。他强调，伟大的生意不仅能为股东带来丰厚的回报，还能在市场竞争中立于不败之地。这正是巴菲特一直以来所追求的投资目标。

二、三类生意的智慧

在 2007 年的股东大会上，巴菲特详细阐述了他的"三类生意"理论。他将生意分为三类：**伟大的生意、普通的生意和痛苦的生意。**这一分类不仅有助于投资者更好地识别投资机会和风险，也为他们提供了清晰的投资策略和方向。

伟大的生意如喜诗糖果，拥有强大的品牌壁垒和低成本优势。它们能够在市场竞争中保持领先地位，为股东带来持续稳定的回报。巴菲特强调，投资者应该寻找这样的生意进行投资，因为它们能够自动滚动增长，几乎不需要额外的资本投入。

相比之下，普通的生意虽然也能带来一定的回报，但需要持续投入大量资金来拓展业务。这类生意的增长往往依赖于外部融资和市场扩张，新增资本的回报率相对较低。因此，巴菲特建议投资者在选择这类生意时要格外谨慎。

而痛苦的生意则是投资者应该尽量避免的。这类生意需要大量资本投入，却只能获得微薄利润，如航空公司等。它们往往面临激烈的市场竞争和不确定的市场环境，风险极高。巴菲特以美国航空为例，讲述了自己如何识别并避免这类生意的故事。

巴菲特还说投资是一件非常难的事情，因为竞争太激烈了，很多公司面临激烈竞争后就会被淘汰。他认为资本主义具有创造性摧毁的特点，不断摧毁一个行业又重塑一个行业。这对社会来说是好事，但对投资而言却特别难。因为真正拥有"护城河"的公司非常少，所以他说首先要界定最好少碰缺乏竞争力、没有"护城河"的公司。

巴菲特的投资理念，就是寻求长期具有竞争优势的公司，短期是否增长并非最重要。核心问题在于只要这家公司符合投资逻辑，它就能持续有序地长期增长，进而获得回报。所以巴菲特说要买喜诗糖果这样的公司。盒装巧克力行业一点都不性感，但喜诗糖果很厉害。它只在几个州开展业务，却能占据整个美国巧克力行业盈利的一半，这就叫"护城河"。

巴菲特在收购喜诗糖果之初，其销售额仅为3000万美元，税前利润也仅有500万美元，一年销量是7257.5吨。然而，这项投资的独特魅力在于，它无须后续的资金注入。巴菲特以2500万美元、相当于5倍市盈率的价格将其纳入麾下。此后，正如预期，喜诗糖果的运营未再要求额外投资，且其交易全部以现金结算，几乎无应收账款，库存也维持在极低水平。

至2007年，喜诗糖果的销售额已飙升至超过3亿美元，税前利润更是突破8000万美元大关，年销量为14061.4吨。值得注意的是，从1972年至2007年间，伯克希尔对喜诗糖果的总投资仅为3200万美元，几乎可以说是微不足道的投入。仔细算来每年增长只有2%，但就是这每年 2% 的增长所带来的利润增长和分红，让伯克希尔长期获得了巨额利润。

巴菲特与芒格为何一生都对喜诗糖果赞不绝口？原因在于他们声称喜诗糖果教会了他们如何真正去投资公司。在美国，像喜诗糖果这样独特的公司实属罕见。多数公司往往需要巨额资金投入，且高度依赖固定资产，而巴菲特视此为投资与创业中的大忌。我们时常被表面的利润数字迷惑，却忽略了与喜诗糖果商业模式的巨大差距。

喜诗糖果的核心竞争力在于，其盈利增长几乎不依赖额外的资本投入，或仅需极少量投资。这一点，巴菲特在 2007 年时就曾着重强调，视其为至关重要的投资智慧。

三、中国石油的投资

除了在国内市场的稳健布局外，巴菲特还将目光投向了国际市场。2007 年，巴菲特做出了一项震惊全球投资界的决策——清仓中国石油股票。

中国石油是巴菲特首次涉足中国股市的投资标的。在 2002 年至 2003 年间，当中国石油的市值尚处于低位时，巴菲特敏锐地捕捉到了这一投资机会。他凭借对财务报表的深入研读和对石油行业的深刻理解，决定大举买入中石油港股股票。伯克希尔在此期间共计支出 4.88 亿美元，购入了中石油 1.3% 的股份。

巴菲特和芒格认为中国石油公司的价值被低估，公司市值应该能再涨 3 倍。到了 2007 年，由于油价大幅提升，公司油气储存量也大幅增加。巴菲特通过对比中石油与其他大型石油公司的财务数据和市场表现，发现中石油的市值远低于其内在价值。2007年下半年，随着中国石油市值的不断攀升，巴菲特做出了清仓中石油股票的决策。在清仓过程中，巴菲特连续多次抛售中石油股票，最终实现了约7倍的收益。这一成果不仅让伯克希尔获得了巨额利润，也为巴菲特个人的投资生涯增添了浓墨重彩的一笔。

巴菲特通过买卖中国石油股票，获得了丰厚的回报，曾经有人问他当时是如何做此决策的。巴菲特说，他当时看了中国石油的年报，公司刚上市时，作为国企的管理层宣布要把盈利的45%分红分给股东，再看当时的股价，显然是低估了。因为中国石油是全世界第四大石油公司，产量占全球的3%，和埃克森等石油公司产量相近。其产品以美元定价，还拥有大量中国的提炼设施，但它的市值只有美国石油公司的1/3，所以当时他选择买入。而到了2007年选择卖出，原因很简单，中国石油的股价和美国石油公司一样甚至更贵了。

巴菲特说经常有人问他是如何做出投资决策的，他说没那么复杂，不需要精确到小数点后三位数。他举例说，如果有人体重在136—159千克，不需要精确评估就知道是个胖子。对于中国石油，如果看了年报上的数字之后还做不了决定，那就不应该再涉足这个行业了。

从中国石油这件事可以反映出：第一，巴菲特对安全边际有深刻理解；第二，体现了他对石油行业的了解，不需要复杂计算。

四、次贷危机前夜的警醒

此外，在 2007 年还有一件重要的事情，就是巴菲特一直批评美国公司在财务报表方面的问题，批评美国公司不把股票期权计入费用当中。因为巴菲特是靠在办公室看财务报表进行投资的人，所以他对财务报表造假这类事情特别反感。

巴菲特一直批判这件事，因为这给他带来了非常大的困扰。在 1994 年，美国国会否决了将股票期权计入费用的提议。结果在之后的 6 年时间里，标普 500 里面的公司几乎没有选择把股票期权做成费用。他认为这个情况很糟糕。这种状况一直持续到 2006 年，巴菲特说这个事情已经发展到没人去面对现实的地步了。由于大家用股票期权不停地调整利润，导致他在办公室看财务报表的时候都有点看不懂了。所以他觉得整个华尔街对此都是睁一只眼闭一只眼，也没人提出来。

巴菲特觉得若此类情形持续，必将引发大麻烦。同时，他指出当下存在的一个极为严峻的问题，即投资人始终期望市场能给予超高回报，致使许多公司为迎合投资人的期望，不断地操纵利润。他阐明在美国当年市场的合理回报本是 7%，可每个投资人都妄图获取远超 7% 的收益，他认定这是极为棘手之事。他表示若想跑赢 7%，去购买指数即可，这是相对轻松的途径；但倘若想凭借自己炒股来跑赢并获取 7% 的回报，他觉得这充满了风险。这在 2007 年可看作是他发出的一种强烈呼吁。

巴菲特说自己坐在办公室里感到非常紧张，他指出，一旦无知的投资人认识到自己的无知，便会成为聪明人。从本质上来说，如果一个聪明人一直不投资指数，总认为自己聪慧过人，最终就会沦为无知之人。基于此，他阐述了这样一个逻辑：如今美国资本市场上出现了太多自认为聪明的人，他们渴望获得极高的回报，去购买那些期待财务报表上数字特别出色的股票，这使得这些公司不断虚增利润。他认为这件事之后会引发大麻烦。

　　实际上，在2008年，正如巴菲特在2007年所预言的那样，果然出现了巨大的麻烦，即发生了史上最严重的次贷危机。

金融海啸前夜，如何布局抄底

解读巴菲特给股东的第 44 封信（2008 年）

在金融历史的长河中，2008 年的金融危机无疑是一个全球性的重大事件，引起了社会动荡与恐慌，至今让人记忆犹新。这一年，伯克希尔·哈撒韦公司的账面价值罕见地减少 115 亿美元，A/B 股每股账面价值下降了 9.6%，然而，对比标普 500 指数降低 31.8% 来看，损失并不大。而之所以能够把损失控制住，得益于巴菲特独到的投资眼光和非凡的胆识。

一、市场的狂欢与暗流涌动

2008 年初，那时的华尔街依旧沉浸在一片繁荣之中，市场仿佛没有尽头地上涨。然而，在这繁华背后，暗流已经开始涌动。房产市场的泡沫逐渐显现，次级贷款的问题如定时炸弹般潜伏着。而笔者，正是在这一年踏入了投资银行的大门，亲历了这场金融海啸的前夜。

3 月，贝尔斯登[1]被摩根大通紧急收购，这一事件如同第一块多米诺骨牌，预示着更大风暴的即将来临。到了 9 月，风暴全面爆发：雷曼兄弟，这个拥有 150 年历史的金融巨擘轰然倒塌；美林证券被美国银行收购；而高盛和摩根士丹利，这两家昔日的投行巨头，也不得不向银行控股公司转型，以求自保。房利美和房地美，这两家占据了美国房贷市场半壁江山的巨头，也未能幸免，转被政府接管。整个金融行业仿佛一夜之间从天堂跌入了地狱。

在这场危机中，当时全球最大的保险公司 AIG 也摇摇欲坠，几乎走到了破产的边缘。政府不得不斥资 850 亿美元进行救助，这一幕让时任美国总统小布什不禁感叹："我们怎么走到了今天这个地步？"

二、逆流而上，恐惧中的贪婪

2008 年金融危机席卷全球，市场陷入恐慌。这年 10 月，巴菲特在《纽约时报》上发表文章《买入美国，正当时》。他指出，危机虽深，但正是投资良机。

巴菲特强调其个人投资原则："别人贪婪时我恐惧，别人恐惧时我贪婪。"面对当前市场的极度恐慌，他认为这是低价买入优质股票的黄金时机。他明确表示，若股价保持低位，他的个人账户将全面转向股市。

---

1 贝尔斯登是一家曾经在美国运营的全球性投资银行和证券交易公司，它在 2008 年全球金融危机期间因为流动性问题而陷入困境，并最终被摩根大通收购。——编者注

为何如此？巴菲特认为，短期市场波动虽难以预测，但长期而言，美国众多优秀企业的前景依然光明。他坚信，即使短期内企业面临挑战，长远看仍将创造新的盈利高峰。他提醒投资者，不应等待市场情绪好转或经济明确复苏再行动，因为市场往往提前反映未来。

历史是最好的镜鉴。巴菲特回顾了几次重大危机后的市场表现：大萧条后股市率先反弹；第二次世界大战困境中股市已悄然上涨；20世纪80年代初通货膨胀肆虐时，恰是买入良机。他强调："坏消息是投资者的好朋友，它带来打折买入未来的机会。"

展望未来，巴菲特坚信股市长期向好。他指出，尽管美国历经战争、经济衰退、金融危机等多重挑战，股市仍实现了巨大增长。他提醒投资者，**避免在市场情绪高涨时追涨，在市场恐慌时抛售。**

对于当前手持现金观望的投资者，巴菲特警告称，长期来看现金将贬值，无法创造真正财富。他引用冰球传奇人物韦恩·格雷茨基的名言："我滑向冰球将要到达的位置，而非它已经在的位置。"鼓励投资者积极行动，把握当前投资机会。

最后，巴菲特以实际行动践行其言论，开始了他的抄底之旅。巴菲特首先瞄准了那些因危机陷入困境的优质企业。他大手笔买入了高盛、通用电气等公司的股票和债券，甚至不惜重金投资了当时备受质疑的衍生品市场。

巴菲特利用金融危机的机遇，几乎将自己手中的"子弹"全部打出，进行了多笔成功的抄底操作，最终获得了丰厚的回报。

三、投资比亚迪的远见卓识

在 2008 年的金融危机期间，巴菲特展现了他非凡的投资眼光和果敢决策。这一年，他不仅在美国市场进行了大规模抄底，还敏锐地捕捉到了国际市场的机会。其中，一个引人注目的举动是他购买了中国比亚迪公司 10% 的股份。这一决策，在市场充满恐慌和不确定性的背景下显得尤为大胆。

巴菲特此举再次证明了"别人恐惧时我贪婪"的投资哲学。他坚信，**在市场极度悲观时，往往隐藏着巨大的投资机会。**比亚迪作为新能源领域的领军企业，尽管当时面临市场环境的不利影响，但其长期增长潜力和技术创新优势得到了巴菲特的认可。

当被问及这笔投资是属于价值投资还是风险投资时，巴菲特的回答直接而坚定："世界上除了价值投资，难道还有非价值投资吗？"他进一步指出，金融危机虽然带来了混乱和不确定性，但正是这样的时刻，让真正的价值投资者有了以更低成本获取优质资产的机会。

这一决定在当时看似冒险，却最终证明了巴菲特的远见卓识。如今，比亚迪已经成为全球新能源汽车领域的领军企业之一，为巴菲特带来了巨大的投资回报。

回顾 2008 年的金融危机和巴菲特的投资经历，我们不难发现，投资不仅仅是一门科学，更是一门艺术。即使在市场陷入恐慌和不确定性时，只要保持冷静、坚持价值投资的理念，就有可能发现并利用其中的投资机会。

别人收手，我出手

解读巴菲特给股东的第 45 封信（2009 年）

2008 年的全球金融危机如一场突如其来的风暴，席卷了全球金融市场，让无数投资者和企业家措手不及。然而，在这场风暴中，伯克希尔·哈撒韦公司却如同屹立不倒的灯塔，引领着投资者们穿越迷雾。2009 年，伯克希尔账面价值增加 218 亿美元，每股的净资产也实现了 19.8% 的强劲增长，而标普 500 指数仅增长了 2.7%。这一年，不仅是伯克希尔重生的开始，也是巴菲特投资生涯中的又一个重要里程碑。

一、逆向思维，别人收手我出手

在巴菲特的投资生涯中，有 12 笔投资尤为耀眼。其中，1999 年对美国中部能源公司的收购，作为巴菲特职业生涯中的第 10 个关键投资，不仅巩固了伯克希尔在能源领域的地位，更彰显了他对行业趋势的敏锐洞察力和对优质资产的精准把握。

然而，在此之后，巴菲特并未急于追求新的投资高峰，而是选择了长达 10 年的耐心等待与深入观察。这段时间里，他或许进行着更为细致的市场分析与行业研究，为下一个重大投资机会的到来积蓄力量。

终于，在 2009 年，巴菲特再次以惊人的魄力和独到的眼光出手，完成了对美国伯灵顿北方圣太菲铁路运输公司的收购。这笔交易不仅是巴菲特职业生涯中的第 11 个关键投资，更是伯克希尔在交通运输领域的一次重大突破。

这次投资显示了巴菲特的非凡魄力，要知道 2008 年金融危机的余威犹在，许多人处于观望中。它标志着巴菲特跳出了传统的投资舒适圈，寻求到了新的增长点。同时，这也体现了巴菲特和查理·芒格在投资策略上的不断优化与突破。

巴菲特说芒格是伯克希尔文化的捍卫者和总设计师，而自己是包工头。芒格最主要的哲学是 "invert，always invert"，也就是 "逆向思考"。他们二人都深谙逆向思维之道，勇于探索未知领域，抓住了全球经济复苏和基础设施建设加速带来的历史性投资机会。

回顾巴菲特的投资历程，我们不难发现，他始终坚持价值投资的理念，注重企业的内在价值和长期增长潜力。同时，他也擅长运用逆向思维，从市场的恐慌中寻找机会。

二、少犯错误，你就可以超过绝大多数人

巴菲特一直强调每股内在价值的增长是企业成功的关键。然而，内在价值的准确计算和评估却是一项复杂而具有挑战性的任务。巴菲

特采用了一个简单而直接的方法来衡量企业的真实价值——每股净资产。他认为，**每股净资产是衡量公司价值最准确的指标之一。**

对于正在经营公司的企业家和创业者而言，巴菲特建议他们密切关注自己公司的每股净资产，并将其作为衡量公司业绩的重要标准。他提到，自 1965 年以来，伯克希尔·哈撒韦公司的每股净资产复合增长率达到了惊人的 20.3%。这是一个值得所有企业追求的目标，如果你的公司能够达到甚至超过这个增长率，那么你无疑已经站在了与巴菲特相同的高度。

巴菲特的投资理念还体现在他对市场周期的深刻理解上。他观察到，在牛市期间，伯克希尔的表现可能并不如某些指数基金抢眼，但在市场下跌时，伯克希尔却往往能够大幅跑赢指数。这一策略反映了巴菲特对市场波动性的深刻洞察，并提示我们思考：如果一个基金在牛市期间远远超越指数，这背后可能隐藏着什么风险？这一问题直指许多公募基金经理面临的核心挑战，即在追求高收益的同时，如何有效管理风险。

巴菲特说**少犯错误，你就可以超过绝大多数人。**因此，巴菲特强调"少出手"，即在充分评估后谨慎投资，避免盲目扩张。

为了指导投资决策，巴菲特在 2009 年列出了伯克希尔的"不做清单"，这份清单揭示了其投资避坑的关键原则。

1. 不投资未来难以评估的生意

巴菲特明确指出，伯克希尔不会投资于那些未来难以评估的生意。他举例说明了历史上几个高增长行业（如汽车、航空、电视）的兴衰，强调尽管这些行业在初期看似充满机遇，但激烈的竞争往往导致利润率难以预测，最终许多公司因此破产或被严重削弱。

因此，伯克希尔坚持只投资于那些未来 10 年甚至更长时间内利润可预测的公司，以确保投资决策的稳健性。

2. 不依赖陌生人的善意

巴菲特强调，保持充足的流动性对于应对不确定性来说至关重要。他提到，伯克希尔的宗旨之一是保持足够的现金储备，以支撑业务运营中的任何资金需求。这种流动性不仅帮助伯克希尔成功渡过了金融危机，还确保了公司在面对突发情况时能够从容应对。

对于个人投资者和企业主而言，保持一定的现金储备同样重要，它是应对市场波动和突发事件的"安全垫"。

3. 不干涉子公司业务，选择优秀人才

巴菲特坚持让子公司独立运营，只挑选最聪明的人担任管理者。伯克希尔的投资策略并不依赖于对日常运营的深度介入，而是依赖于选择正确的人。这种信任与放权的管理方式，使得伯克希尔能够在保持集团整体稳健的同时，让各子公司充分发挥其自主性和创造力。

4. 不迎合华尔街，追求长期价值

巴菲特强调伯克希尔需要的是长期投资者，而非追求短期收益的投机者。他认为，将投资公司视为自己的生意，注重长期价值的创造而非短期的股价波动，是实现财富增长的正确途径。这种理念使得伯克希尔能够抵御市场噪音的干扰，专注于企业的内在价值提升。

巴菲特的这些投资原则不仅适用于大型投资机构，同样对个人投资者和企业主具有重要的指导意义。

三、从回避重资产到妥协与合作

在伯克希尔发展的初期，芒格与巴菲特均倾向于回避重资产及公用事业类公司，他们追求的是一种无须大量资本投入即可实现增长，并能带来高资产回报率的业务模式。这一理念一直延续至 2007 年。

然而，随着伯克希尔规模的不断扩大和资金的日益充裕，他们面临了如何有效投资以实现资金复利增值的挑战。此时，他们对资产回报率的期望逐渐调整，从早期的 20% 以上降至每年的 10% —12%。这一转变标志着伯克希尔投资理念的重要变迁，其背后的驱动因素是公司发展阶段和资金规模的变化。

许多人可能因此认为巴菲特在自相矛盾，但实际上，这是由公司的发展阶段和资金规模所决定的。资本规模的扩大往往成为高回报率的障碍，因为资产越多，相对回报率可能就越低。

伯林顿铁路[1]和 1999 年收购的美国中部能源公司[2]都是重资产、公用事业型企业，它们具有许多相似之处。作为国家基础设施的一部分，它们与国民生活紧密相连，每年需要巨额资金投入，且该投入需

---

1 伯林顿铁路是北美最大的货运铁路之一，也是六个北美一级铁路公司之一。——编者注

2 美国中部能源公司，现更名为伯克希尔·哈撒韦能源公司，是一家由伯克希尔·哈撒韦公司控股的公用事业公司。该公司总部位于美国爱荷华州的得梅因，为美国和英国的数百万客户提供能源服务，业务包括电力和天然气配送。——编者注

超出年度折旧额，依赖大量债务支撑。这些项目要求先期投入，回报滞后，同时还需承受严格的监管。这类投资在巴菲特和芒格早年是不被考虑的，但现在他们对其持开放态度，主要原因是他们需要配置巨额资金。

巴菲特选择投资公共事业公司，不仅是为了有效运用资金，还考虑到这些公司即便在未来他个人能力有限或缺乏合适接班人的情况下，也能保持稳健运营，避免业绩大幅下滑。在 2009 年，巴菲特明确表示，保险业务、美国中部能源公司和伯林顿铁路都是确保伯克希尔未来 50 年乃至 100 年持续发展的基石。

为了收购伯林顿铁路，巴菲特斥资 440 亿美元，并发行了约 6% 的股份来筹集收购资金。这体现了巴菲特一贯坚持的账户中保持充足现金的原则，即使他认为全额现金支付亦可，他仍会选择发行股票以作资金储备。

然而，巴菲特在发行股票进行收购的过程中也犯过错误。在收购某家鞋业公司时，他选择发行股票作为支付手段，以减少现金支出。但遗憾的是，那家鞋业公司最终倒闭，导致巴菲特损失了高达 60 亿美元的股票价值。这一惨痛的教训使巴菲特对发行股票进行收购变得格外谨慎。

在收购伯林顿铁路时，双方就支付比例进行了博弈。伯林顿铁路公司希望伯克希尔能用 60% 现金和 40% 股票来支付，而巴菲特和芒格则认为伯克希尔的股票被低估了，因此只愿意支付部分现金和极少量的股票。最终，他们成功地以 70% 现金和 30% 股票的条件收购了这家公司。这一过程中，芒格强调了他们之所以妥协，是因为面对一个特别偏好股票而非现金的对手，他们认为这是一个很好的合作契机。

此外，芒格还提醒道，在收购过程中千万不要盲目听从投资银行的建议，因为投资银行往往会出于自身利益考虑宣称某个方案是最佳的。而巴菲特和芒格则认为，必须深刻理解双方的价值，才能在交易中达成完美的结果。

别被小事牵绊，做大事才重要

解读巴菲特给股东的第 46 封信（2010 年）

在 2010 年，伯克希尔·哈撒韦公司的账面价值实现了 49 亿美元的显著增长，A/B 股每股的账面价值也增长了 13%，尽管这一增长率低于标普 21.4% 的表现。然而，自现任管理层接手以来的 46 年间，伯克希尔每股账面价值已从 19 美元惊人地增长至 95453 美元，年复合增长率高达 20.2%。

一、只做显著提高的事

巴菲特在信中提到，伯克希尔因为收购了美国伯灵顿北方圣太菲铁路运输公司，将伯克希尔的净利润提高了 30%。他强调，这是符合他一贯的收购标准的，即 "move the needle"，也就是 "要有显著提高"。

巴菲特说，做一件事，要不就别做，不要做小打小闹的事，要做就要做显著提高的事。他认为，绝大多数人把时间花在了一些鸡毛蒜皮的小事上，这是有问题的。这种 "只做大事" 的哲学，不仅体现在伯克希尔的收购策略上，也贯穿在巴菲特整个投资生涯中。

在投资中，我们往往容易被各种琐碎的信息和波动干扰，而忘记了真正重要的是什么。巴菲特提醒我们，要做那些能够显著提升投资回报的事，而不是被一些无关紧要的小事牵绊。

巴菲特也提到，他的经营目标非常简单，就是在一个常态化的年份，伯克希尔每股的内在价值要超过标普 500。他说如果超不过标普 500，大家就没有必要买伯克希尔了，去买指数基金就好了。

在投资中，我们往往过于关注短期的波动和业绩，而忽略了长期的目标和常态化的表现。巴菲特提醒我们，要以更长远的眼光来看待投资，不要被短期的波动迷惑。

二、伯克希尔内在价值的三个支柱

巴菲特在信中与股东们深入讨论了伯克希尔的内在价值的三个支柱，这三个支柱不仅揭示了伯克希尔的成功之道，也投射出投资领域中的确定性与不确定性。

第一个支柱是公司的投资资产的价值，这包括股票、债券、现金等价物。巴菲特一直强调，伯克希尔的保险业务在历史上一直非常挣钱，但他在计算保险业务的盈利时始终保持保守态度。他认为，保险业务有可能在一年之内将 10 年挣的钱全部赔光。因此，在股东大会和致股东信中，他始终把保险业务的利润算得非常保守。

第二个支柱则是非投资和保险业务之外的其他业务，比如伯克希尔收购的 68 个各种各样的公司。这些公司构成了伯克希尔业务版图的重要组成部分，也是其内在价值的重要来源。

第三个支柱则是巴菲特认为最不能定性的部分，即这些公司（包括伯克希尔自身、母公司和子公司）挣了钱并留下钱后，CEO 如何将这些钱投入更具盈利潜力的生意中所带来的不确定性。巴菲特认为，这部分的不确定性有时做得非常好，有时则不尽如人意。但总体而言，他之所以要讨论这个事，是因为同样的 1 美元，在不同的管理者手中，其增值效果可能大相径庭。例如，1 美元在沃尔玛创始人沙姆沃顿手中能变成 10 美元，而在另一些人手中可能只能变成 1 美分。

这种不确定性不仅是伯克希尔面临的挑战，也是整个投资领域的常态。软银的孙正义曾在自己的股东大会上承认，2019 年没投英伟达是他的一个错误，相当于错过了投资阿里巴巴两次。当时软银持有英伟达 4.9% 的股份，但他选择清仓，挣得了 33 亿美元。然而，如果他当时没有卖掉，这些股份的价值到今天将高达 1600 亿美元。这个巨大的落差让孙正义深感沮丧。这再次说明，投资中的不确定性和挑战是无法避免的。

无论是巴菲特还是孙正义，他们都深刻体会到了投资中的不确定性和风险。这种不确定性既带来了投资的魅力与挑战，也让无数投资者在追求回报的过程中历经波折与起伏。因此，对于投资者而言，在追求投资回报的同时，更需要充分考虑和应对不确定性带来的挑战与风险。只有这样，才能在投资的道路上走得更远、更稳。

三、伯克希尔的竞争优势与所有者文化

巴菲特在信中提到了伯克希尔的三个竞争优势：优秀的经理人团队、资金的灵活配置以及独特的所有者文化。

第一个竞争优势是他们拥有一支特别优秀的经理人团队。巴菲特指出，公司从不招聘那些尚未实现财富自由的人，因为财富自由的人更像是志愿者，而非仅仅为了薪水工作的雇佣兵。他们工作是因为热爱，享受挑战，并且不会受到各种压力和繁文缛节的束缚。正如亚马逊 CEO 贝索斯所说，志愿者为愿景奋斗，雇佣者为金钱服务。巴菲特的任务就是和芒格一起，组建一支全明星的团队。

第二个竞争优势是资金的灵活配置。巴菲特认为，只专注于一个行业会大大限制可选择的机会。他和芒格打通了"任督二脉"，在整个美国资本市场中挑选公司。实际上，伯克希尔之前也犯过过于专注于纺织行业的错误，但自从进入保险行业后，他们开始更加灵活地配置资金。

第三个优势是伯克希尔的独特文化。巴菲特强调，他们的文化是要非常淡定，所有做的事情都要能够几代传承。这种文化被称为"所有者文化"，从巴菲特和芒格开始，他们就是公司的最大所有者，并且把股东都当成合伙人。他们要求的董事都必须和股东的利益完全一致，想做伯克希尔的董事，必须持有大量股票市值，并且没有股票期权、没有薪酬、没有董事保险。巴菲特一直强调要挑选具有所有者思维的经理人和董事，即使公司卖给了伯克希尔，也要像主人一样爱自

己的公司。

　　有了这些优势，即使有一天巴菲特和芒格都不在了，对伯克希尔产生的波动，也只会是短期的波动，而伯克希尔的长期价值和文化将会持续下去。

黄金、数字货币是投资陷阱？

解读巴菲特给股东的第 47 封信（2011 年）

在 2011 年，伯克希尔·哈撒韦公司 A/B 股每股账面价值稳健增长 4.6%，而标普 500 指数只有 2.1%。公司董事会以卓越的接班人规划著称，成功吸纳了托德·康布斯与泰德·韦斯勒两位杰出投资经理。同时，董事会对未来 CEO 人选充满信心。巴菲特与芒格热爱工作且健康依旧，但已为伯克希尔未雨绸缪，确保已经选定的接班人明天就能接手。

一、不看好黄金

在投资领域，黄金一直被视为避险资产，备受投资者青睐。然而，股神巴菲特对黄金持截然不同的看法。

巴菲特在多次公开场合及致股东信中表达了对黄金的质疑。他认为，黄金并不产生任何现金流或利润，其价值完全取决于市场供求关系和投资者的心理预期。这种价值体系与郁金香泡沫相似，都是建立在接盘人不断增多的基础上的游戏。因此，巴菲特**将黄金归类为"不**

产生具体价值"的资产，认为其长期投资回报远低于优质公司股票。

有人提出，黄金具有装饰和工业用途，但这些用途并不能支撑其高昂的市场价格。事实上，黄金的需求主要来自珠宝、工业和投机三个方面，但这些需求远远无法消化每年新增的黄金产量。因此，黄金的价格波动更多受到市场情绪和投资者心理预期的影响。

当全球经济不确定性增加时，投资者往往会涌入黄金市场寻求避险，从而推高金价。然而这种上涨并不具备可持续性，一旦市场情绪稳定或投资者预期改变，金价便可能大幅下跌。

与黄金不同，巴菲特更偏爱那些能产生持续现金流和利润的优质公司股票。他认为，这些公司不仅能够抵御通货膨胀的影响，还能为投资者带来稳定的分红和资本增值。巴菲特的投资哲学可以概括为"价值投资"和"长期持有"。他强调在投资时要深入分析公司的基本面，寻找那些被市场低估的优质资产，并在合适的时机买入后长期持有。这种投资策略要求投资者具备穿越经济周期的智慧和耐心。

巴菲特的投资哲学不仅体现在对资产的选择和持有上，更蕴含了对人性的深刻洞察。他深知投资者在面对市场波动时的恐惧和贪婪，因此总是保持冷静和理性。他提醒投资者要警惕那些看似安全实则暗藏风险的资产以及那些依赖市场共识维持价值的投机品种。相反地，他倡导投资者关注那些能产生持续现金流和利润的优质资产，并在市场低迷时勇敢买入。

二、资产的三类划分

巴菲特在信中不仅批判了黄金，还巧妙地将资产划分为三大类，每一类都反映了不同的风险与收益特性，为我们提供了一个全新的投资视角。

第一类资产：以特定货币定价的资产

这类资产主要包括基金、债券、贷款和银行存款等，它们以特定货币为计价单位，通常被认为是相对安全的投资选择。然而，巴菲特提醒我们，这些资产的安全性并非绝对。历史上，许多看似稳固的债券和货币基金都曾在经济危机或政权更迭中遭受重创，甚至清零。政府作为货币价值的最终决定者，其政策变化往往对这类资产产生深远影响。因此，投资者需警惕，所谓"最安全"的资产，在特定条件下也可能蕴含巨大风险。

第二类资产：需要持续接盘维持价值的资产

这类资产包括黄金、比特币等，它们的价值高度依赖于市场共识和接盘人的数量。巴菲特指出其价值完全建立在投资者对未来价格上涨的预期之上。黄金作为这类资产的典型代表，虽然长期被视为避险资产，但在某些时期（如 2012 年前后）也经历了大幅贬值。比特币等数字货币同样如此，其价格的剧烈波动反映了市场情绪的极端不稳定。

第三类资产：能产生持续现金流的资产

这是巴菲特最为青睐的资产类别，包括优质公司的股票、土地、农田等。这类资产不仅能够抵御通货膨胀，还能为投资者带来稳定的分红和资本增值。巴菲特认为，可口可乐、IBM 等优质公司的股票，以及具有稳定现金流的公共事业公司，都是值得长期持有的优质资产。这类资产的价值来源于其持续的经营活动和盈利能力，而非单纯的市场炒作。

巴菲特曾说过一种逻辑，不管在任何时候，不管人们喜欢买黄金也好，比特币也好，人们都更愿意去买可乐、喜诗糖果、花生糖。人们总是更愿意去吃这些美味的东西，也总是希望能住到更便捷的地方。所以从本质上来说，他思考的是人性的变与不变。

三、投资与人性的博弈

巴菲特的投资哲学中，最为人称道的莫过于他的穿越周期思维。他深知股市的波动性和周期性，因此从不追求短期的业绩超越，而是致力于在熊市中大幅跑赢指数，在牛市中保持与指数接近。这种策略使得伯克希尔能够长期实现稳定的复合增长。

巴菲特认为，当公司股价大幅低于其内在价值时，应该积极回购股票以回馈股东。这一策略不仅提升了每股的内在价值，还增强了市场对公司价值的信心。然而，巴菲特和芒格在回购股票时总是心存矛盾，因为他们既希望股票长期低估以便持续买入，又担心回购会推高股价让已卖出的股东错失良机。

投资不仅仅是数字游戏，更需要对人性的深刻洞察。巴菲特深谙此道，他的投资决策往往基于对人性弱点的精准把握。

黄金投资的背后其实是人们对经济崩溃的恐惧和对安全感的渴望。这种恐惧心理在市场动荡时尤为强烈，导致大量资金涌入黄金市场推高其价格。然而，从历史长河来看，黄金的投资回报远远低于优质公司的股票。

同样地，比特币等数字货币的兴起也缘于人性的贪婪和对新技术的好奇。然而，正如巴菲特所言，这些资产同样缺乏内在价值支撑其长期上涨。投资者在追求高收益的同时往往忽视了潜在的高风险。

巴菲特的投资哲学之所以历久弥新，**关键在于其对投资本质的深刻理解和对人性的精准把握。**在巴菲特看来，投资是一场马拉松而非短跑，需要投资者具备穿越周期的智慧和耐心。同时，他也提醒我们警惕那些看似安全实则暗藏风险的资产，以及那些依赖市场共识和接盘人维持价值的投机品种。

最终，我们还是要回归到那些能产生持续现金流的优质资产上来，因为这才是投资的真正价值所在。

不分红哲学，教你卖股赚钱

解读巴菲特给股东的第 48 封信（2012 年）

在 2012 年，伯克希尔·哈撒韦公司的盈利达到了 241 亿美元，同比增长 14.4%，虽然略低于标普 500 指数的 16% 增长率，但这并未动摇巴菲特对伯克希尔长期价值的信念。

一、回购股票的反常之举

2012 年，巴菲特做出了一个令人瞩目的决定——历史上首次大规模回购自家股票。这一举动在巴菲特的投资生涯中实属罕见，因为他一直对回购股票持谨慎态度。

巴菲特深知，在市场低迷时回购股票，不仅能够提升每股收益，还能向市场传递出公司价值被低估的信号。

巴菲特的投资哲学中，有一个理念是"牛市跟随，熊市超越"。在他看来，真正的投资机会往往出现在市场低迷、人心惶惶之时。这时，优质资产的价格被严重低估，正是抄底的绝佳时机。而一旦市场回暖，这些被低估的资产便会迅速增值，带来丰厚的回报。

回顾伯克希尔过去近 50 年的表现，虽然其间有 9 年的每股净资产增长率低于标普 500 指数，但巴菲特凭借其卓越的投资眼光和耐心持仓，在其余年份中大幅超越了市场。尤其是以五年为周期来看，伯克希尔从未落后于标普 500 指数。

2012 年，正值全球金融市场遭遇欧债危机的严峻考验，巴菲特的应对之道再次向世人展示了他独特的投资哲学和对未来的深刻洞察。

那一年，希腊的破产如同多米诺骨牌效应，引发了欧洲多国的主权债务危机，意大利、西班牙等国相继陷入困境。全球经济前景蒙上了一层厚重的阴影，市场信心跌至谷底。

然而，在这动荡不安的时刻，巴菲特却提出了一个振聋发聩的观点：**"这个世界一直都是不确定的。"** 他认为，面对不确定性，核心在于"赌国运"，即对国家经济体系及未来发展的坚定信念。

巴菲特对美国的长期前景充满信心，他坚信美国的市场机制能够有效应对挑战，因此长期来看，美国的公司和股票市场都将表现出色。这不仅是巴菲特个人投资哲学的体现，更是他对美国经济和市场的深刻理解和乐观预期。

在欧债危机的阴霾下，巴菲特没有选择退缩或保守，反而采取了积极的投资策略。他斥资 98 亿美元对伯克希尔旗下的产业进行扩建和再投资，用实际行动向世界宣告了他的信心。同时，他向那些因危机而陷入困境的企业伸出援手，表示愿意收购那些因市场悲观情绪而被低估的公司。

在巴菲特看来，经济下行期并非一无是处，反而孕育着巨大的投资机会。他提出了 4 条应对策略：一是提升现有生意的盈利能力，通过优化管理、提高效率来降低成本、增加利润；二是寻找那些因市场波动而陷入困境的企业，趁机进行并购或投资；三是利用市场悲观情绪回购公司股票，提高每股收益；四是关注并抓住可能出现的重大并购机会，拓展新业务领域。

通过巴菲特在 2012 年欧债危机中的表现，我们不难发现其投资哲学的精髓所在：坚持长期视角、保持信心、积极应对不确定性、寻求并抓住投资机会。这些原则不仅帮助伯克希尔在危机中稳住了阵脚，更为全球投资者提供了宝贵的启示和借鉴。

二、不分红哲学，选择"卖股换钱法"

在投资界，伯克希尔的一个显著特点便是其不倾向于分红给股东。这一决策背后，蕴含着巴菲特与芒格深刻的投资哲学与财务智慧。

巴菲特和芒格曾向投资者阐述了一个简单而直接的理由：**如果你需要现金，卖掉伯克希尔的股票远比等待分红来得更划算。**这一观点背后，是他们对公司股价稳定增长的信心以及对市场环境的精准把握。

巴菲特和芒格提出的"卖股换钱法"，实际上是一种高效的资金运作策略。其优势主要体现在以下几个方面：

1. 资金利用效率

将资金留在公司账上，伯克希尔能够利用这些资金进行更有价值的投资，创造更多的利润。正如巴菲特所言，伯克希尔的投资能力远超一般投资者，因此将钱留在公司手中，能够最大化地发挥其价值。

2. 个性化需求满足

每个股东的资金需求各不相同。通过出售股票获取现金，股东可以根据自己的实际情况灵活安排资金使用，而无须受限于公司的分红政策。

3. 税务优化

在美国，分红收入通常需要全额纳税，而股票出售所得则只需对增值部分缴税。这意味着，对于长期持有伯克希尔股票的股东而言，通过出售股票获取现金，在税务上可能更为有利。

巴菲特强调，伯克希尔是一个年复利接近 20% 的增长机器，且完全有能力保持股票价格在高位稳定。这一观点不仅体现了他对公司未来发展前景的乐观预期，也解释了为何伯克希尔选择不分红。

巴菲特和芒格不仅在理论上倡导"卖股换钱法"，更在实践中身体力行。**巴菲特本人在进行慈善捐赠时，也是通过出售伯克希尔的股票来实现资金筹集，而非依赖公司分红**。这一行为不仅证明了他们对自己投资理念的坚持，也为广大股东树立了榜样。

伯克希尔不分红的选择，看似违悖传统投资智慧，实则蕴含了深刻的财务认知与投资策略。它体现了巴菲特和芒格对公司长期价值的信心、对资金高效利用的追求以及对股东个性化需求的尊重。

像猎人一样耐心等待

解读巴菲特给股东的第 49 封信（2013 年）

2013 年，伯克希尔·哈撒韦每股账面价值增长了 18.2%，不及标普 500 高达 32.4% 的增长。但巴菲特并未展现出沮丧或者不满的态度，在他看来，每一次投资决策，都像是精心布局的战略棋局，短时间内放慢脚步，是为了未来更快的发展。

一、与 3G 资本的联手与分歧

2013 年，巴菲特携手巴西传奇投资机构 3G 资本，共同完成了对亨氏食品公司的收购。这一事件不仅在当时引起了巨大轰动，更在后续几年中揭示了不同投资哲学的碰撞与融合。

亨氏食品公司，这个名字对全球消费者来说并不陌生。从肯德基的番茄酱到各类调味品，亨氏产品几乎无处不在。作为全球领先的食品制造商，亨氏自然成为众多投资者眼中的香饽饽。而此次收购的另一方，3G 资本，则是巴西投资界的一匹黑马。成立于 2004 年的 3G 资本，以其独特的"收购 + 铁血管理"模式迅速崛起，通过一系列成功的并购案，如百威啤酒、卡夫食品等，积累了超过 4700 亿美元的控股收购规模，成为业界瞩目的焦点。

当巴菲特决定与 3G 资本联手时，他展现出了超越常人的投资智慧。在这场价值约 232.5 亿美元的收购中，伯克希尔出资了 122.5 亿美元，但巴菲特并未将所有资金都投入普通股中，而是巧妙地分配了 80 亿美元用于购买优先股。优先股不仅享有固定的 9% 年化分红，还在公司清算时拥有优先受偿权，这无疑为伯克希尔提供了更为稳健的收益保障。

随着时间的推移，这场看似完美的合作逐渐显露出其背后的隐忧。2015 年，卡夫食品与亨氏集团合并成为卡夫亨氏公司，虽然一时之间成为全球最大的食品和饮料公司之一，但后续的运营结果并不尽如人意。到 2019 年，卡夫亨氏因财务问题造成了高达 154 亿美元的减值损失，伯克希尔也因此亏损了 30 亿美元。相比之下，3G 资本的损失更为惨重，从此一蹶不振；其实，自 2017 年后，随着市场环境的变化和收购成本的上升，3G 资本的资本回报率显著下降，其辉煌已经不再。

这场收购案的失败，不仅反映了市场环境的变化和投资风险的不确定性，更深刻地揭示了巴菲特与 3G 资本在投资哲学上的差异。巴菲特坚持稳健的投资策略，注重长期回报和风险控制；而 3G 资本则更倾向于通过激进的并购和成本控制来实现快速扩张。尽管两者在短期内能够携手共进，但在长期运营中，这种差异最终导致了不同的结局。

二、投资不用成为某个领域的专家

巴菲特为何能在投资世界被尊为"神"一般的存在？即使在与 3G 资本这样强大的交易对手合作时，巴菲特最终也证明了自己在认知上碾压对方。尽管在这笔投资中他也遭遇了亏损，但相较于 3G 资本，他的损失要小得多。

在这笔交易里，蕴含着一个关键要点。巴菲特引用了其恩师格雷厄姆的理念：最聪明的投资一定要像经营生意一样思考，其实并没有那么复杂。因为在 2013 年伯克希尔收购亨氏之时，巴菲特也无法预知未来会遭遇滑铁卢。面对巨额投资的质疑，巴菲特分享了两个小故事来阐述他的投资理念。

第一个故事，在 1973 年至 1981 年期间，美国中西部农场价格暴涨，随后因泡沫破灭而大幅下跌。1986 年，巴菲特以 28 万美元购入了奥马哈的 400 公顷农场，这个价格远低于之前银行放贷给农民的金额。他坦言自己并不懂农场经营，但他的大儿子懂，并告诉他农场每年至少有 10% 的回报。巴菲特判断危机已过，农场的生产效率会随时间提升，农作物价格也会上涨。他认为这个投资下行风险小，上行收益大。尽管有人担忧天灾人祸对农场的影响，但巴菲特强调要从长周期看待，有好年景也有不好的年景，关键在于在大家快破产时捡便宜。

第二个故事，1993 年商业房地产泡沫破裂后，巴菲特从房地产中介处得知纽约大学旁边有一块地正在出售。虽然他不懂地产，但他确信纽约大学不会消失。他算了一下，这块地只要恢复到正常状态，商业地产就有 10% 的回报。于是他果断出手，结果租金收入翻了 3 倍，现在每年的分红也远远超过了他的投资金额。

通过这两个故事，巴菲特传达了几个重要的投资原则：不要被风险吓住，要等待危机，在大家快破产时捡便宜；不需要成为行业专家，但要在大家都快不行的时候，基于常识做出决策；遇到评估不了的资产就放弃；不要长期投机，因为长期下去一定会输；不要每天盯着价格，否则会和自己的人性作斗争；要多思考，不要盲目跟风；对于长期投资来说，经济、利率等因素并不那么重要；要待在自己的能力圈里面，等待机会。

巴菲特还强调，对于绝大多数人来说，是看不懂手里资产价格的，所以需要做的是买指数基金，因为买一揽子公司能够对冲掉风险。他甚至透露，如果他突然去世，他会建议太太用 10% 的资金去买政府的短期国债，90% 去买标普 500，而不是买伯克希尔的股票。

立下"遗嘱"的一年

解读巴菲特给股东的第 50 封信（2014 年）

2014 年，在巴菲特执掌伯克希尔·哈撒韦迎来 50 周年的辉煌时刻，全球投资者和财经界人士的目光都聚焦在了这位传奇投资者和他的商业帝国上。这一年伯克希尔的账面价值增长了 183 亿美元，每股账面价值增长 8.3%。自现任管理层接手的 50 年来，每股账面价值已从 19 美元增至 146186 美元，年均复合增长率约为 19.4%。

一、从纺织厂到投资帝国的崛起

到了 2014 年，伯克希尔保险业务的浮存金高达 850 亿美元，且连续 12 年实现承保盈利，这意味着客户们放心地将资金交由伯克希尔管理，并允许其进行投资。四大主要股票投资者——美国运通、可口可乐、IBM 和富国银行，为伯克希尔带来了 47 亿美元的利润。

此外，除了保险业务，伯克希尔还拥有多个强大的引擎，如美国中部能源、伯林顿铁路、以色列的 ISCAR，以及一家润滑油公司和玛蒙控股。这些公司每年为伯克希尔贡献 124 亿美元的利润。而伯克希尔旗下的其他非保险小公司，每年加起来也能贡献 51 亿美元的利润。

再来看看伯克希尔的员工规模，其合并员工总数为 34 万人，但令人惊讶的是，其总部员工仅有 25 人。在投资业务部门，仅有 9 人，而真正从事投资工作的更是只有 6 人。剩余的人员则负责后台、保安和保洁工作。这就是市场上流传的"巴菲特 9 人管理团队掌管 1 万亿美元"的故事。

二、坦诚分享自己的错误

巴菲特并非完人，他在投资生涯中也曾犯下错误。在伯克希尔 50 周年的股东大会上，他坦然分享自己的错误并从中吸取教训。

第一个错误：

1965 年，控制伯克希尔。1964 年，巴菲特仅持有伯克希尔 7% 的股份。当时，伯克希尔的 CEO 对自家公司满怀信心，提议以每股 11.5 美元的价格回购巴菲特手中的股份。巴菲特思忖，自己以 7 美元买入，如今对方愿以 11 美元回购，显然是公司价值获得认可的标志。然而，关于此次回购，市场上流言纷纷。有传言称，在回购即将实施之际，伯克希尔的 CEO 突然变卦，只愿以更低价格支付。虽说法众多，但结果是巴菲特盛怒之下开始大幅增持伯克希尔的股票。

至 1965 年 4 月，巴菲特已成为伯克希尔的实际掌控人。然而，回顾这一历程，巴菲特却视之为背上了沉重包袱。因为直至 1985 年，他才最终决定关闭连年亏损的纺织厂。在此期间，股票回购以及纺织厂的亏损致使伯克希尔的净资产从 5500 万美元大幅缩水。

第二个错误：

1967 年，巴菲特冲动地买下了国民保险公司，耗费了 860 万美元。巴菲特痛心疾首地表示，那次交易使他错失了高达 1000 亿美元的价值。原本，他完全可以将收购的公司置于自己名下，可他却错误地将其放在了伯克希尔名下，且当时他仅持有伯克希尔 61% 的股份。这个决策失误，让他痛失了本应属于自己的 1000 亿美元财富。

第三个错误：

1975 年，巴菲特买了一家纺织企业 WaumbecMills 公司。购买的理由是可以和伯克希尔的纺织业务产生协同效应，但几年后这家公司关门倒闭。

幸运的是，他后来遇到了芒格。巴菲特和芒格在 1959 年相识，当时他们是邻居，并在巴菲特爷爷的杂货店里一起打工。巴菲特当时 28 岁，而芒格 35 岁。巴菲特对投资充满热情，而芒格则兴趣广泛，包括钓鱼、建筑、设计和造船等。巴菲特曾赞誉芒格为伯克希尔的总建筑师和总设计师。

巴菲特提到，芒格教会了他如何购买像喜诗糖果这样的优质公司。从"捡烟头"策略到挑选好公司，这是巴菲特投资理念的重要转变。喜诗糖果为伯克希尔带来了源源不断的现金流，并让巴菲特深刻理解了品牌的价值、定价能力的重要性，以及无须资本投入就能实现财富增长的意义。

第四个错误：

1993 年，他斥资 4.33 亿美元收购了那家著名的鞋厂。更糟糕的是，他当时主要用伯克希尔的股票去支付这笔交易，结果这家鞋厂最终倒闭，导致投资损失高达57亿美元。

直到2009年收购伯林顿铁路时，巴菲特才再次使用了伯克希尔的股票。但此后，他都变得非常谨慎，即使伯克希尔的股票价值很高，他也没有轻易发行股票去收购其他公司。因为他始终认为，自己的公司要比其他公司更值钱。

这种理念使得其他公司更愿意投靠伯克希尔，进一步提升了伯克希尔的股票价值，形成了一个良性循环。

三、投资是放弃当前的购买力，以换取未来更高的购买力

巴菲特对投资有着深刻的定义：投资是放弃当前的购买力，以换取未来更高的购买力。基于50年的数据，他得出结论：投资优质公司的组合，其回报必然优于单纯持有美元或美国国债。这一结论在他执掌伯克希尔之前的50年里同样成立，尽管那段时期经历了大萧条和世界大战的洗礼。

巴菲特坚信，从长期视角来看，购买指数或一揽子优秀公司的组合，相较于持有现金，将带来更为可观的回报。他强调，这一策略几乎无须手续费，因此，对于普通投资者而言，投资指数基金是更为明智的选择，而非将资金存入定期账户。

巴菲特提出了一个颇为反常识的观点：在商学院和经济学家们通常的认知中，价格波动等同于风险，进而认定股票具有高风险属性。然而，巴菲特对此并不认同。在他看来，股票的波动并非等同于风

险。倘若仅持有一天、一周或者一年，股票确实可能呈现出高风险的特质。但倘若持有时间更长，并且持有的是一个由多家优秀公司组成的组合，那么股票实际上能够被视为低风险的投资。与此相反，他将持有美元或现金视作高风险行为，原因在于现金会随着时间的推移而贬值。

巴菲特在50周年庆典上给出的建议：我们应该将注意力放在生命周期内获得一个优秀的、分散的投资组合上，并在合理的价格买入。我们不必过于担心投资的高风险性，只要持有时间足够长，风险就会相对较低。

然而，实际情况是，大多数人的做法与巴菲特的建议相反。在经济不景气的时候，人们往往会建议你只持有现金，避免购买股票，选择购买国债或存入定期。

回顾美国历史，标普500指数从2008年的低点700点以下，已经上涨到了2100点。只要你购买指数基金，就能获得良好的收益。为什么人们会认为持有股票是高风险的呢？巴菲特总结了几个原因，如果你符合以下几点，那么投资股票确实可能是高风险的。

首先，巴菲特指出，股票投资之所以被视为高风险，往往是因为投资者存在以下五种行为：频繁买卖、过度关注短期买卖点、投资组合分散不足、无端支付各种交易费用以及使用杠杆。他强调，如果投资者能避免这五点，股票投资实际上可以是相对低风险的。反之，若触及这些雷区，则股票投资确实会变成高风险投资。他特别提醒，无论投资多么稳健，都绝不应借钱投资，因为即便看似毫无风险，也难以预料突如其来的变故，毕竟没有人能准确预测世界将发生何种混乱。

四、企业收购要避免的错误

巴菲特深刻点明，众多企业在进行收购之际，常常最终收获的是一堆质量良莠不齐的资产。在伯克希尔·哈撒韦之外，这种现象尤为突出。那些频繁以股票作为支付手段展开收购的公司，很多时候收购的对象并不理想。

巴菲特剖析了此现象背后的三个主要缘由：

其一，这些公司往往怀有"兜售思维"，期望通过收购来提升自身股价。他们关注的是短期股价波动，而非长期企业价值。其二，这些公司的股票很可能被高估。所以，他们才会如此大方地运用自己的股票在市场上进行收购，试图以高估的股票换取低估的资产。其三，频繁收购的公司通常对会计处理不够严谨。管理众多公司财务，对他们而言是巨大挑战。由此，巴菲特认为，大多数所谓的综合化、多元化集团实则华而不实。唯有构建起极为出色的企业架构，方能做好多元化的并购与投资。

那么，伯克希尔为何能够成功进行多元化的并购与投资呢？巴菲特觉得，这主要得益于其独特的文化与理念。他并不反对企业多元化，但前提是必须依照伯克希尔的体系来运作。多元化的企业能够在不同行业中配置资本，进而分散风险。当某个行业步入衰退期时，其他更优的行业可以为其提供支撑，确保企业长久存续。此外，对于企业家来说，若能确定自己拥有良好的并购文化，那么多元化的投资也可能是好事。因为这样能够避免历史路径偏见以及业务管理层的压力，使企业更灵活地应对市场变化。最后，巴菲特强调了现金流的重要性。以他们收购的喜诗糖果为例，虽然该公司无法大规模扩张，但其稳定的现金流与持续的利润为伯克希尔给予了有力支持。

喜诗糖果作为伯克希尔·哈撒韦的增长引擎，持续不断地为伯克希尔贡献投资现金，为其他收购提供了原始资金。巴菲特着重指出，收购时应优先挑选那些能够持续提供现金流的公司，这一点至关重要。他批评当下市场上许多公司，尤其是 A 股上市公司，收购的常常是现金流状况不佳的公司，仅仅为了拼凑报表，这种做法毫无意义。

巴菲特还提出了几点收购策略：首先，不要刻意追求一定要买大股权，如此会限制选择范围；其次，收购必须在自己的能力圈范围内进行；再次，要不断积累成功案例，以吸引其他企业投靠；最后，如果收购不成功，要审慎判断是否继续进行下一个收购，成功需要不断叠加。

到了伯克希尔成立 55 周年之时，公司已拥有一批优秀的公司。这些公司前景光明，管理层卓越，专注于自身业务，并对伯克希尔忠心耿耿。此外，这些公司大多数都具备良好的利润来源、财务实力和流动性。伯克希尔在美国的吸引力也是首屈一指，保证了他们能够看到足够多的优秀公司。

五、一份"遗嘱"

在伯克希尔 50 周年庆典上，一个尖锐的问题被抛出：如果巴菲特和芒格去世怎么办，还能买伯克希尔的股票吗？巴菲特坦诚作答，投资伯克希尔取决于买入时的价格，若长期持有，他们去世后遭受损失的可能性比其他美国公司低，但买入价格至关重要。这如同一份特殊的"遗嘱"，给潜在购买者建议，若他们去世，应等待合适时机买入。

何时是买入伯克希尔·哈撒韦股票的好时机呢？巴菲特指出，当管理层有意回购股票且股价接近回购价格时，便是良机。因为他们用了50年确保未来掌舵人和董事只有在股价远低于内在价值时才回购。若有人问是否值得购买，巴菲特建议相信管理层回购决策，可作为买入信号，但仅持有一到两年难保证赚钱，应持有五年以上进行判断。他再次引用格雷厄姆的话强调："短期市场是一个投票机，长期才是称重机。"

同时，巴菲特明确不可借钱买伯克希尔股票，回顾历史，即使它是稳定盈利机器也曾三次下跌超50%。在庆典上，他们给出建议，若巴菲特去世后股票下跌且管理层准备回购，投资者可考虑买入，并让股东放心，伯克希尔遭受财务问题可能性几乎为零，因其公司文化一直为极端情况做准备。

巴菲特确保伯克希尔坚不可摧，如美国企业界的直布罗陀巨岩。这得益于账上始终保持巨额现金的理念，写入纲领且去世后会更严格执行，投资者无须担心毁灭性风险。虽无法预测"黑天鹅"事件，但伯克希尔做好准备，以应对危机，如假设明天就发生珍珠港事件或"9·11"事件。然而，保守策略可能使增长速度不如过去50年迅猛，若如此会给股东分红。

巴菲特还强调了伯克希尔投资的公司的高质量，如美国中部能源公司和伯林顿铁路公司提供高分红股息率，增强股价稳定性和上涨潜力。股东手册体现独特契约精神，董事身家与伯克希尔紧密相连，通过市场真金白银买股份，零薪酬且无董事保险，收益来自股票上涨，与股东利益长期绑定。

巴菲特在 2014 年表示，在自己去世后，大儿子爱德华将成为非执行董事会成员，确保在 CEO 选择不当时有调整机会。爱德华是巴菲特文化坚定贯彻者，将与 CEO 和两个投资经理组成"1+2"组合负责投资组合。

对于 CEO 的选拔，巴菲特有着明确的标准：理性、冷静、有决断力，对生意有广泛的理解，对人性有深刻的洞察。同时，CEO 必须知道自己的局限性，做到无我，一心为公司，不能是虚荣或贪婪的人。

巴菲特和芒格承诺确保 CEO 贯彻文化，对抗大公司通病，如傲慢、官僚自满等，使伯克希尔成为有机结合的大公司。芒格在 2021 年也表达了对伯克希尔 CEO 的期望，倾向于管理伯克希尔能源业务的人担任。总体而言，巴菲特和芒格在 2014 年都写下了自己的遗嘱，虽没想到巴菲特至今仍健在，但为伯克希尔未来发展奠定了坚实基础。

任何抵制科技进步的人都是愚蠢的

解读巴菲特给股东的第 51 封信（2015 年）

2015 年，伯克希尔·哈撒韦账面价值实现了 154 亿美元的显著增长，A/B 股每股账面价值上升了 6.4%，远超标普 500 的 1.4%。在这一年的信件中，巴菲特深入探讨了伯克希尔的内在价值、市场经济与科技进步的关联，以及对风险的独到理解，等等。

一、追求利润与三个变量

巴菲特和芒格一直非常关注公司内在价值的增长，而内在价值的增长则取决于利润。巴菲特曾表示："利润是好公司的唯一标准。"当然，这里的"唯一"可能需要加上"道德价值观"作为前提，但无论如何，利润多少都是衡量一家公司好坏的重要标准。

2015 年，伯克希尔发生了一件重要的事：它以 320 亿美元收购了精密机件公司（PCP）——一家世界顶级的航空零部件供应商。这一收购进一步拓展了伯克希尔的非保险业务引擎，使其从原有的基础上增加到了"第六驾马车"。巴菲特一直坚信，美国还有那么多大公司，尤其是 500 强里面的公司，他可以继续买下去。这就是他认为伯克希尔可以继续增长的动力和原动力。

那么，伯克希尔的内在价值取决于什么呢？其实就是三个变量：**每股投资的增长、每股利润的增长以及保险业务的盈利。**虽然巴菲特在过去一直较为保守，将保险业务的盈利算作盈亏平衡，但在 2015年，他开始计算保险业务的利润了。这并不是因为要欺骗股东，而是因为保险业务的利润确实已经变得非常稳定。

二、市场经济与科技进步

2015 年正值美国大选之际，特朗普和希拉里两位候选人都在竞相抨击对方，并试图证明自己的政策才是拯救美国的良药。但巴菲特在这一片喧嚣中，坚定地站在了市场经济的一边。他表示，过去 240 年的历史已经证明，美国的商业和创新精神将会继续推动这个国家向前发展。市场经济，则是提供人们所需。

他认为，美国人生活水平的提升主要来自生产效率的提升和人均产出的提高，而不是所谓的分配公平或者抵制科技进步。1947 年，美国有 4400 万名工人，其中 135 万人在铁路工作，运送的货物总量为 6550 亿吨。而到了 2014 年，铁路运输的货物总量达到了 1.85 万亿吨，但铁路工人数量减少到了 18.7 万人，相比 1947 年减少了 86%。这就是科技进步造成生产效率提升带来的好处。

同样地，在公共电力行业、保险行业以及其他各个领域，生产效率的提升都在不断推动着这些行业的发展。因此，巴菲特认为，担心科技进步会造成大量失业是逆潮流而动的思想。**因为历史已经证明，任何抵制科技进步的人都是愚蠢的。**

为了阐述这一观点，巴菲特以伯克希尔公司为例，讲述了三个生动的故事。

首先，他回顾了 1947 年美国铁路行业的状况。当时，全国有 4400 万名工人，其中 135 万人在铁路部门工作，他们共同运送了 655 亿吨货物。然而，到了 2014 年，虽然铁路运输的货物量已经增长到 1.85 万亿吨，但铁路工人的数量锐减至 18.7 万人，减少了近 86%。巴菲特进一步指出，1996 年时，4.5 万名工人能运送 4.11 亿吨货物，而到了 2015 年，同样数量的工人却能运送 7.02 亿吨货物，生产效率显著提升。

然后，巴菲特谈到了保险行业的变革。他提到，一百多年前，保险行业主要由代理人渠道垄断。然而，随着时间的推移，自由渠道、互助保险、直销以及 GEICO 等新型销售模式相继涌现。到了 2015 年，GEICO 公司仅雇用了 3.4 万名员工，就为 1400 万保险用户提供了服务。

巴菲特指出，如果采用传统的代理模式，至少需要聘用 6 万名员工才能达到相同的服务水平。

最后，巴菲特以公共电力行业为例，进一步说明了科技进步带来的生产效率提升。他提到伯克希尔收购的爱和华电力公司，在 1999 年时，公司有 3700 名员工，发电量为 1900 万千瓦时。然而，到了 2015 年，公司员工数量减少至 3500 名，发电量却增长到 2900 万千瓦时。在人数减少的同时，发电量却实现了显著增长。

通过这三个故事，巴菲特生动地展示了科技进步如何推动生产效率的提升，并强调了抵制科技进步的愚蠢性。

巴菲特强调的核心观点是：生产效率的提升是解决做大"蛋糕"问题的关键。当然，巴菲特也承认，确实有一些人会因为科技进步而失业。但这并不是因为科技本身的问题，而是因为这些人不愿意改变、不愿意学习新技能。他以伯克希尔的鞋业和纺织厂为例，说明这些被裁掉的人并不是因为公司让他们失业，而是因为他们没有掌握新的技能，无法适应市场的变化。

他认为，国家应该建立各种保障机制，确保那些还愿意工作但已经失去技能的人也能过上不错的生活。但同时，他也强调，那些掌握着先进科技、能够不断创造财富的人，才是推动这个社会进步的主要力量。

三、风险与应对

在每年的上市公司年报中，美国证监会都要求公司列举风险因素。巴菲特强调，在上市公司年报中列举风险因素时，应避免列出众所周知的一般性风险，如市场不佳等。他更关注如何具体评估这些风险的可能性、可能带来的损失范围以及发生的时间。他认为，如果风险因素太过遥远、模糊或难以评估，那么列出它们就没有实际意义。

他举例说，如果一个煤炭铁路运输公司只是泛泛地说未来运输量可能下降，或者一个保险公司担心自动驾驶导致保费下降，这样的风险描述是不足够的。他要求创始人或管理者更具体地说明这些情况可能发生的时间、地点和概率。

巴菲特还指出，风险并不可怕，真正可怕的是对风险的时间、地点和概率一无所知。他以美国为例，提到了 CBRNE 风险 [与化学（Chemical）、生物（Biological）、放射性（Radiological）、核（Nuclear），以及爆炸物（Explosive）相关的安全风险]。这些风险是真实存在的，但具体何时会发生是不确定的。他解释说，尽管这些事件在任何单一年份发生的概率都很小，但如果从长期的角度来看，这些风险几乎肯定会发生。为了具体说明这一点，他提到，如果某一事件在某一年发生的概率为 1/30，那么在一个世纪内，这一事件至少发生一次的概率高达 96.6%。

巴菲特强调，我们每个人都无法完全规避 CBRNE 等风险，因此关键在于要具备随机应变的能力，并制定相应的应对策略。虽然很多事情发生的概率不是 100%，但长期来看，它们似乎又注定会发生。

因此，我们在面对不确定性时，也需要有一种理性和谨慎的态度，并做好准备以应对可能的风险。

有趣的 10 年赌局

解读巴菲特给股东的第 52 封信（2016 年）

2016 年，伯克希尔·哈撒韦的净资产增长了 275 亿美元，每股净资产增长了 10.7%。这一成就离不开巴菲特和芒格对常态化盈利能力的追求。

一、常态化的盈利能力与应对风险

巴菲特和芒格致力于让伯克希尔保持常态化的盈利能力，确保公司有稳定的利润来源，以抵御偶尔发生的超级灾害。他们明白，有些年份盈利可能会多，有些年份可能会少，因此他们的策略是抓住大的机会，同时时刻准备应对小的风险。这种理念不仅体现在公司的日常运营中，也贯穿于他的投资决策中。

巴菲特在信中提到了一件有趣的事情：他最讨厌做结肠镜的检查，但因为这是有极小概率能查出癌症的重要手段，所以他定期一定会去做。这件事反映了巴菲特对风险的谨慎态度，也体现了他对防御灾害的重视。

这种防御灾害的理念，在伯克希尔的投资决策中体现得淋漓尽致。无论是选择投资项目还是管理投资组合，巴菲特都会充分考虑潜在的风险因素，并制定相应的应对措施。他知道，只有做好充分的准备，才能在灾害来临时保持冷静和理智，做出正确的决策。

2016 年，这种谨慎的投资态度，最直接的体现就是他对苹果公司的投资决策。巴菲特曾经因为看不懂其业务模式而选择放弃投资微软。然而，这并没有让他错过后来的科技股热潮。相反，他通过学习和观察，逐渐发现了苹果公司的巨大潜力。最终，他从 2016 年开始大量买入苹果股票，这一决策为伯克希尔带来了巨大的收益。

巴菲特对苹果公司的投资决策充分展示了他对投资机会的敏锐洞察力。他并没有因为自己不懂科技而拒绝投资科技公司，而是通过学习和观察，找到了一个具有巨大潜力的投资机会。这种勇于探索、敢于尝试的精神，正是他在投资领域取得巨大成功的重要原因之一。

二、10 年赌局及其底层逻辑

Long Bets 是由亚马逊的 CEO 杰夫·贝索斯资助成立的，是一个管理长期赌注的非营利组织。这个网站发起了一些特别有趣的世界赌局。

例如，第一个赌局是由一位创业家发起的，他预测在 2020—2029 年期间，计算机的机器智能将通过图灵测试。而另一方，则是红杉资本的一名合伙人，他坚信到 2029 年，机器智能、人工智能 AI 绝对无法通过图灵测试。双方赌注为 1 万美元。第二个赌局则是由微软的一位高管发起的，他预测到 2030 年，无人驾驶飞机将会进行日常载客飞行。而接下这个赌局的是当时的谷歌 CEO 埃里克·施密特，他坚信到 2030 年，无人驾驶飞机不可能实现日常载客飞行。双方赌注为 1000 美元。这个赌局的结果仍然充满悬念。

看到这些有趣的赌局，巴菲特也忍不住参与进来。他提出了一个重要的赌局：专业投资人作为一个整体，在非常长的时间内是不可能跑赢那些什么都不干、只买指数的人的。他为此设定了 50 万美元的赌注，称在 10 年内，任何一名职业投资人可选择至少 5 只对冲基金，其表现会落后于只收取象征性费用的标普 500 指数基金的表现。眼看三年快过去了，无人应战，到了 2007 年底，基金公司普罗泰戈合伙人的经理泰德·西德斯站了出来回应巴菲特的挑战。

普罗泰戈是一家资产管理公司，从有限合伙人手中筹集资金成立了一个基金中的基金（FOF）。也就是说，它是投资多只对冲基金的基金。泰德挑选了 5 只 FOF 基金作为投资标的，它们的业绩表现将平均化。

然而，赌局的结果显而易见，从 2008 年到 2016 年，泰德选择的 5 只基金 10 年的年平均复合收益率是 2%；标普 500 指数，10 年的年平均复合收益率是 8.5%。巴菲特赢了这场 10 年赌局。

巴菲特之所以能赢得赌局，是因为他明白其中的底层逻辑。

1. 成本与收益

巴菲特认为，对冲基金和 FOF 收取的高额管理费用和业绩报酬，导致投资者的净收益降低。指数基金则具有低成本优势，能够保留更多的收益。

2. 市场平衡与超额收益

主动投资者试图获得超过市场平均水平的回报，但由于市场的平衡性质，他们的总体表现必须接近市场平均水平。同时，他们还需要承担更高的成本，因此净收益往往低于被动投资者。

3. 长期视角

巴菲特选择了一个 10 年的长期时间段来进行赌局，这足以让成本的影响显著体现出来。在长期内，低成本指数基金的表现更有可能战胜高成本的对冲基金和 FOF。

巴菲特的 10 年赌局展示了低成本投资策略在长期内的优势。投资者在选择投资方式时需要考虑成本因素，并谨慎权衡主动投资与被动投资的利弊。

三、经验比金钱更重要

巴菲特还指出了一个有钱人经常会遇到的问题，**他们的钱往往会被没有钱的人赚走。**为什么会这样呢？他解释说，**有经验的人通过努力获得金钱，而有钱的人则通过金钱获得经验，这就是这个世界的公平之处。**

巴菲特还通过他的一个有趣的小故事来进一步阐释这一观点。他提到他的姐夫是一个畜牧场经纪人，有一天他问姐夫为什么农民要把猪卖给他们而不是直接卖给屠宰公司。姐夫告诉他："猪不关键，讲好猪的故事才是关键。"这个小故事寓意深远，它告诉我们，在投资领域，重要的不仅仅是资产本身的价值，更重要的是如何讲述这些资产的故事，如何展现它们的潜力和价值。

这也让我联想到当前的投资环境。在公募基金领域，我们经常看到基金经理们因为业绩不佳而离职的新闻。这其实就反映了投资领域的残酷现实：只有那些能够持续创造优秀业绩的基金经理，才能在市场上立足；而那些只依靠金钱而没有真正投资能力的人，则很难在这个领域长期生存下去。

因此，对于投资者来说，选择那些具有丰富经验和专业知识的基金经理是非常重要的。同时，投资者自己也应该注重积累经验和提升专业知识，以期在投资领域取得更好的成绩。

反人性，守原则

解读巴菲特给股东的第 53 封信（2017 年）

2017 年，伯克希尔·哈撒韦公司的资产增长了 653 亿美元，每股净资产增长了 23%。这一惊人的增长背后，有两股重要的推动力。其中，约 360 亿美元是公司业务产生的真实收益，而剩余的约 290 亿美元则得益于税法的变革。这一年，美国国会进行了 30 年以来的最大税法改革，将公司的税率从 35% 调至 21%。这一变革为伯克希尔带来了巨大的净资产增值。

一、以长期价值应对股价波动

早在 1976 年，巴菲特就提出了投资的标准：能力圈好、公司好、管理层好、价格合理。这些标准一直是巴菲特投资哲学的核心。

在 2017 年的股东信中，巴菲特再次更新了他的投资标准，提出了三条新的原则：**持久的竞争优势、好的有形净资产的回报率和提供满意回报的内部增长机会。**这些原则总结下来基本上就是能持续复利增长的公司。

然而，2017 年的市场并没有给巴菲特提供太多符合这些标准的投资机会。当时，美国的 10 年长期利率只有 2%—3%，导致大量的金融机构和私募基金都去借钱收购公司，从而抬高了收购价格。巴菲特觉得这些价格太高了，不愿意出手。

巴菲特认为价格合理是投资的关键。他不会因为市场的狂热而追高买入，也不会因为市场的低迷而恐慌卖出。他始终坚持自己的投资标准，等待合适的投资机会出现。

股价的短期波动是市场情绪的反映，而长期价值才是公司真实业绩的体现。因此，我们在投资时要关注的是公司的长期价值，而不是短期的股价波动。

伯克希尔公司是美国资本市场最稳定的公司之一，它在过去的 53 年里一直稳步增长。然而，即使是这样的优质公司，也经历过 4 次重大的股价下跌，基本上每 10 年就会有一次。这再次证明了股价的波动是不可避免的，而我们需要做的是坚守投资原则，等待价值的回归。

芒格曾经说过："如果你对于一个世纪内发生两三次甚至更多次超过 50% 的下跌不能泰然处之，你就不适合做投资。"这句话也再次提醒我们，投资需要耐心和坚守，不能因为短期的波动而动摇我们的投资信念。

二、保持清醒的头脑和冷静的思维

巴菲特和芒格一直反对用借来的钱做投资，因为他们知道股价的波动是不可预测的。他们害怕在股价剧烈下跌时，借来的钱会威胁到他们的投资仓位和思维。

巴菲特的办公室里贴满了《纽约时报》关于金融危机的头版复制品，这些头版时刻提醒着他要保持清醒的头脑和冷静的思维。

巴菲特也用英国诗人约瑟夫·鲁德亚德·吉卜林的诗歌《如果》来提醒自己——

如果在你周围，所有人都失去冷静，责怪你，

而你还能保持头脑清醒；

如果所有人都怀疑你，

你仍然相信自己，并且容忍他人的怀疑；

如果你能等待，不会因等待失去耐性；

……

如果你有梦想——而不会成为梦想的奴隶；

如果你有思想——而不会把思想作为目的；

如果你能面对成功和失败，

对这两个骗子一视同仁；

……

如果敌人和挚友都无法将你伤害，

如果所有人对你都很重要，但又不过于依赖；

如果你能将每一分无情的时光，都化作 60 秒忙碌的奔跑……

那么，整个世界，一切的一切，都会属于你，

而且，我的孩子，你将会成为男子汉，顶天立地！

巴菲特和芒格常说，未来 53 年伯克希尔还可能会腰斩，但没人知道哪一天会发生。巴菲特曾说，交通灯从绿变红是瞬间的事，所以下跌随时可能发生。如果没有债务，就可能在下跌中获得好机会。这首诗是巴菲特做投资时经常吟诵的，核心在于要有点反人性。

三、长期持有与灵活应变

在上一封信中，我们谈到了巴菲特的 10 年赌局，然而，在这个赌局中还有一个有意思的细节，从中我们可以看到巴菲特的投资哲学与智慧。

这个赌局实际上是慈善活动，这场赌局总赌注是 100 万美元，巴菲特和参与赌局的基金公司 Protégé 的经理泰德·西德斯各出 50 万美元，10 年后将这些资金交给一家慈善基金会。

然而，巴菲特并没有直接拿出 50 万美元，而是选择了一种更为巧妙的方式。他购买了面值 50 万美元的零息国债，这些国债当时打了 64 折，实际上他只花了 318250 美元。如果持有到期，年回报率可达 4.56%。这种投资方式既保证了资金的安全性，又获得了可观的回报。

然而，巴菲特并没有满足于此。5 年后的 2012 年底，他注意到债券的市场价值已经发生了显著变化，年度到期收益率降至 0.88%。面对这种"愚蠢"的投资，巴菲特果断决定出售债券，并用所得款项购买了伯克希尔 B 股，此时每股价格是 88.55 美元，而 2017 年底的价格是 198.22 美元，5 年上涨 124%。这样一来，10 年后巴菲特当初投入的 318250 美元就变成 1111139.5 美元，收益率高达 249%。于是，到赌局结束时，这家慈善基金会收到了 200 多万美元，远超当初设想的 100 万美元。巴菲特在这场赌局中的表现充分展示了他的灵活性。

巴菲特一直强调，投资没有固定的规则，只有根据实际情况灵活应对才能取得长期的成功。有时候，股票的风险会比债券小，只要买的价格够低；而有时候，如果国债的利率很高，那就应该把钱倒出来去买国债而不是股票。

巴菲特说，投资不需要经济学学位，也不需要懂华尔街的术语，如阿尔法、贝塔等。投资人需要忽略市场的恐惧和亢奋，专注于几个基本点。可能这样看起来特别没有想象力，甚至有点傻，但这是合格投资人的必要能力。

同时，巴菲特借这个插曲向大家展示了一个重要的道理，那就是要紧紧抓住重大且简单的决策，不要轻易乱动。他表示，在过去的 10 年里，与他对赌的人或者华尔街的对冲基金经理做出了上万个买入或卖出的决策。每个决策他们都经过了深思熟虑，背后都有着大量的付出，包括阅读公司年报、访谈公司管理层、阅读行业杂志以及和华尔街的分析师进行交流。

法国哲学家帕斯卡曾在《思想录》中写过一句话：人类所有的问题，都源于他们不能独自安静地待在一个房间里面。这也是 2017 年巴菲特股东会的一个重要哲学理念。

"五棵树"理论与"四支箭"的秘密

解读巴菲特给股东的第 54 封信（2018 年）

2018 年，伯克希尔·哈撒韦出现的一个重大变化是：巴菲特放弃了每股净资产这个衡量指标，并提出了一种全新的理解伯克希尔业务的方式——"五棵树"理论。

一、GAAP 新规下的利润波动

根据美国通用会计准则（GAAP），伯克希尔 2018 年盈利 40 亿美元。然而，这一数字背后隐藏着更为复杂的故事。巴菲特指出，公司实现了 248 亿美元的经营性利润，但同时也遭受了 30 亿美元的非现金损失，主要来自无形资产减值，尤其是卡夫亨氏的持股减值。

此外，公司还实现了 28 亿美元的已实现资本利得，但投资组合中未实现资本利得减少了 206 亿美元。根据 GAAP 的一项新规，公司需要将这项未实现资本利得计入当期收益，而巴菲特和副董事长查理·芒格都认为这一规定并不明智，它会导致"我们的净收益出现剧烈且无常的波动"。巴菲特在信中开门见山地提醒股东，不要被这一利润数字迷惑，因为它并不能真实反映公司的经营状况。

在过去，巴菲特总会在致股东信中首先报告伯克希尔的每股净资产变化。然而，在 2018 年的信中，他却表示这一指标已经有些失效了，于是从此放弃了这个衡量指标。为什么呢？

首先，伯克希尔已经从一家主要投资股票的公司，转变为一家拥有并运营多家自有业务的企业。这意味着，公司的价值不再仅仅体现在其持有的股票上，而是更多地体现在其运营的业务上。

伯克希尔的历史可以分为前后两个部分。前 25 年，公司的价值主要来自股票投资，保险业务则盈亏平衡。而在这个阶段，巴菲特一直是以净资产作为考量内在价值的标准。但从 20 世纪 90 年代初开始，公司的价值逐渐转向收购，通过并购来实现增长。这也导致净资产和内在价值之间出现了背离。

其次，巴菲特强调，对于股票来说，价值可以通过市值体现，但运营公司的资产负债表上的账面价值往往远低于实际价值。因此，**只关注每股净资产，可能会忽视公司真正的价值。**

最后，伯克希尔每年都在进行回购，当每股的内在价值升高时，每股净资产反而会降低。这一系列的变化，使得每股净资产这一指标在评估伯克希尔价值时显得力不从心。

二、"五棵树"理论：全新视角理解伯克希尔

面对每股净资产指标的失效，巴菲特向股东们提出了一个全新的理解伯克希尔业务的方式——"五棵树"理论。他比喻伯克希尔为一

片大森林，而股东们只需要关注其中的五棵树，就能大致了解公司的全貌。

第一棵树——非保险的自有控股业务

这些业务基本上持股比例都在 80% 以上，甚至有一些是 100% 持有的。2018 年，这些公司为伯克希尔贡献了 168 亿美元的净利润，而且这一数字是没有任何水分的。

第二棵树——伯克希尔持有 5% 到 10% 股份的大公司股票

2018 年底，这些股票的市值达到了 1730 亿美元。虽然如果卖掉这些股票需要缴纳 147 亿美元的税，但巴菲特更愿意持有这些股票并收取分红，2018 年这些股票的分红就达到了 38 亿美元。

第三棵树——伯克希尔和其他人合资的公司

这些公司一年的税后利润有 13 亿美元。

第四棵树——伯克希尔持有的国库券、国债以及其他各种各样的收益债券

巴菲特表示，只要股东们看明白了这四棵树，就能大致了解伯克希尔的价值。而实际上，到了 2018 年底，这四棵树的价值加起来应该达到了五六千亿美元。

第五棵树——保险业务

保险业务每年能为伯克希尔贡献 20 亿美元的利润，但更重要的是，它能为公司提供巨大的浮存金。这些浮存金相当于一直有人拿钱给伯克希尔去投资，而投资收益则归公司所有。

这五棵树使伯克希尔·哈撒韦能在资本市场屹立不倒，一直抵抗各种各样的金融危机。

三、"四支箭"秘密：资产负债表

在 2018 年的致股东信中，巴菲特还深入剖析了伯克希尔的资产负债表。他指出，**传统的资产负债表有两支箭——股本和债务。**然而，伯克希尔基本上不借钱，因此债务并不是其主要的资本来源。

巴菲特一直强调的观点是：商学院通常教导大家使用债务提高股东回报。然而，金融历史表明，信用在某些时刻可能会突然消失，这时债务就会变成一个定时炸弹。

因此，债务的使用就像一个螺丝轮盘，99% 的时间里子弹不会射向你，但理性的人没有必要去赌那 1% 的风险。

回头来看，2018 年时伯克希尔的股本金达到了 3490 亿美元，之所以能积累如此多的利润并实现长期留存，主要是因为每年都能实现高复利回报且不分红。

除了股本和债务外，巴菲特还揭示了伯克希尔资产负债表的第三支箭——**保险和保险的浮存金。**在资产负债表上，保险浮存金应该记为负债，但实际上它更像是股本。因为伯克希尔的保险业务是挣钱的，所以这些浮存金一直不会消失。

而第四支箭就是递延收入税，这是一个很多人可能不太懂的概念。因为美国是卖出的时候才需要交税，所以巴菲特特别不喜欢卖股票。这导致他很多的税其实是不用交的，只是在那里记着。这些递延收入税也构成了伯克希尔利润的一部分。

2018 年巴菲特致股东信中，"五棵树"理论与"四支箭"秘密展现了伯克希尔独特的经营模式。从利润波动到新衡量方式，再到独特架构，都为广大投资者提供了宝贵的投资智慧，也启示我们在复杂环境中要做出明智决策。

惊人的复利

解读巴菲特给股东的第 55 封信（2019 年）

2019 年，伯克希尔·哈撒韦以 814 亿美元的利润震撼了投资界，其中包括了 240 亿美元的运营利润和 37 亿美元的资本收益。然而，更引人注目的是那 537 亿美元尚未实现的资本收益。

一、从史密斯到凯恩斯

在股东大会上，巴菲特回顾了艰难岁月，并分享了一本对他投资理念产生深远影响的书——《用普通股进行长期投资》。该书的作者埃德加·史密斯提出了一个颠覆性观点：**通货膨胀时股票回报优于债券，通货紧缩时债券更胜一筹。**这一观点被著名经济学家凯恩斯引用，并进一步引申出优秀公司应保留利润进行复利增长的理念。这一理念深深影响了巴菲特，使他更加坚信留存利润的重要性。

复利的力量是惊人的，它能使财富像滚雪球一样越滚越大。这正是巴菲特所倡导的核心理念。在《用普通股进行长期投资》出版前，史密斯默默无闻，但巴菲特的推荐让这本书迅速走红。史密斯的研究不仅改变了巴菲特的投资策略，也影响了整个投资界。他证明了在通货膨胀时期，股票是更好的投资选择。

此外，巴菲特还提到了凯恩斯的选美理论，这一理论在投资领域同样适用。凯恩斯认为，在选美比赛中，要赢得奖品，应选择大家都认为可能得冠军的选手，而非自己认为最美的。这同样适用于投资，特别是对于那些没有实际支撑的东西，如比特币等。在它们形成群体共识之前，可能一文不值；但共识一旦形成，价值就会飙升。

因此，在投资中，我们不仅要关注资产的实际价值，还要关注市场的群体共识。对于有实际支撑的东西，可以尝试左侧交易，提前布局；但对于没有实际支撑的东西，最好等待群体共识形成后再投资，以降低风险。

二、对伯克希尔的未来规划

在 2019 年，巴菲特与芒格再次订立了自己的遗嘱。彼时，巴菲特 89 岁，芒格 95 岁。他们表示已做好准备去教导自己的孩子，且有极为乐观的理由让大家无须担忧。其一，伯克希尔的资产极为多元化，公司广泛的投资组合不仅有效分散了风险，还持续产生了优异的回报，为两人去世后公司的稳健运营奠定了坚实基础。

接着，他们特别赞扬了伯克希尔控股公司的 CEO 团队。这些 CEO 都是经过精心挑选的，具备出色的能力和诚信品质，真正致力于公司的长期发展。这样的团队构成确保了伯克希尔在两人去世后仍能保持卓越的管理水平。

此外，巴菲特与芒格还强调了伯克希尔的资金实力，认为公司的资金储备足以应对各种极端外部冲击，为公司的稳健发展提供了有力保障。

同时，他们也高度赞扬了伯克希尔的董事会，相信在董事会的引导下，伯克希尔能够在他们去世后继续保持良好的发展势头。

巴菲特在遗嘱中还以身作则，表达了自己对伯克希尔的深厚感情和坚定信念。他透露自己99%的资产都在伯克希尔，且从未卖出过持有的股票，甚至在遗嘱中规定自己持有的股票在任何情况下都不能卖出。

尽管巴菲特在2023年修改了遗嘱，选择将绝大多数财产留给自己的孩子，但他对孩子的持股提出了限制条件，即不能卖出伯克希尔的股票。他相信，在优秀的董事会和CEO团队的领导下，伯克希尔能够在他们去世后继续保持卓越的发展态势。

三、董事会职责与企业发展

巴菲特作为资深投资者与企业家，对董事会的职责有着深刻的理解和独到的见解。他深知一个优秀的董事会对于企业发展的重要性，因此特别注重董事会的构建及其职责明确。

巴菲特强调，董事会的首要任务是选拔并留住有能力、有诚信的CEO。这一观点体现了他对企业管理层稳定性和连续性的高度重视。他认为，优秀的CEO能引领企业不断前行，创造价值，而董事会的责任就是确保这样的CEO得到充分的支持和认可。

除了选拔 CEO，巴菲特还强调董事会应建立强大的审计委员会，以防止 CEO 在追求短期业绩时可能采取的不当行为或造假。审计委员会负责严格监督和审查企业的财务状况，确保财务报告的真实性和准确性，从而保护股东和企业的利益。

此外，巴菲特也重视薪酬委员会的建设，认为其任务是制定合理、公正的薪酬制度，以激励和留住优秀人才。他强调，薪酬委员会应深入了解企业整体情况，根据实际需求和员工贡献来制定薪酬政策，确保薪酬支出合理有效。

面对收购这一重大决策，他深知董事会面临的压力，因此提出了一个创新的解决方案：聘请两组风格迥异的顾问进行辩论。一组全力支持收购，另一组则质疑和反对。这种策略通过多元化的观点碰撞，充分暴露了潜在问题和风险，为董事会的最终决策提供了全面深入的参考。

除了收购策略，巴菲特还非常重视董事的选任。他设定了三条严格的原则来确保公司在他离世后仍能平稳运行。

第一，董事必须具备精明的生意头脑，拥有实际的商业操作经验。这一要求旨在确保董事们深刻理解商业运作的复杂性，从而做出明智的决策。

第二，董事必须是股东导向，将维护股东利益作为唯一目标。这一原则确保了公司决策始终与股东的利益保持一致，避免了利益冲突和短视行为。

第三，董事必须在伯克希尔公司有大量利益，如购买大量公司股票。这一规定不仅增强了董事们对公司的责任感和归属感，也促使他们更加关注公司的长期发展和价值创造。

在巴菲特的精心布局下，伯克希尔的收购策略和董事选任机制都体现出了独特的智慧和远见。

伯克希尔的"四块宝石"

解读巴菲特给股东的第 56 封信（2020 年）

2020 年，"黑天鹅"的到来让整个世界经济陷入了停滞，但伯克希尔·哈撒韦公司的净收益仍然达到了 425 亿美元，这一数字尽管耀眼，但在巴菲特眼中，不过是一个没有太多实际意义的数字。他更关注的是运营利润的显著下滑，达到了 9%。

然而，在 2020 年的股东大会上，巴菲特并未将这一责任归咎于不可预知的"黑天鹅"，而是坦然承认了自己的错误：110 亿美元的巨额减值，缘于对 2015 年收购的精密机件（PCC）的公司过于乐观的预期和过高的收购价格，没有给自己留足够的安全边际。

为了避免同样的问题再次发生，这一年他在股东信中，谈到了伯克希尔的"四块宝石"。

一、第一块宝石：保险业务的稳固地位

在 2020 年，巴菲特再次强调了保险业务作为伯克希尔"四块宝石"之一的重要地位。保险业务一直是巴菲特的最爱，不仅因为保险

业务能够提供源源不断的现金流，还因为保险公司账上的浮存金为巴菲特提供了巨大的投资弹药。到 2020 年，伯克希尔的保险公司账上已经积累了 1380 亿美元的浮存金，这使得巴菲特能够自由地投资于股票市场，而其他实力较弱的保险公司则因监管和信用评级的限制，只能投资于债券。

这里需要澄清的是，巴菲特并不是因为搞了保险才获得了成功，而是因为他成功经营了保险公司，从而突破了监管和信用评级的限制，获得了更大的投资自由度。这一点对于理解巴菲特的成功至关重要，因为许多其他保险公司并没有这样的优势。

同时，巴菲特也提醒我们，投资国债并不是长期无忧的选择。美国国债的收益率波动极大，从 1981 年的 15.8% 到 2020 年的 0.93%，这一巨大的波动说明，依赖国债获取稳定收益的想法并不现实。德国、日本的国债长期都是负收益率，也进一步证明了这一观点。

二、第二块宝石：重资产业务的挑战与反思

巴菲特提到的第二块宝石是他 100% 控股的北方圣太菲铁路运输公司和伯克希尔能源公司。这些公司都是重资产业务，需要每年投入大量的资金才能维持增长。巴菲特坦言，这些业务并不是特别好的投资标的，但因为他和芒格管理的资金太多，不得不退而求其次。

巴菲特最喜欢的是像喜诗糖果那样，不需要额外投资就能持续增长的公司。他最讨厌的是那些投了钱也不增长的公司，而重资产业务往往就属于这一类很烂的模式。他明确表示，投资者不应该盲目跟随

他和芒格的投资决策，因为他们的资金规模和管理需求与普通投资者不同。

巴菲特还提到了他对未来几十年的不确定性。尽管他希望在能源集团投入几百亿美元以获得长期增长，但他也承认，世事无常，未来可能遭遇"黑天鹅"事件。

这一观点在 2023 年得到了验证，当伯克希尔能源公司因一场森林大火而被美国政府巨额诉讼时，巴菲特的预言不幸成真。

三、第三块宝石：苹果股票的持有与减持

第三块宝石是巴菲特持有的苹果股票。从 2016 年到 2018 年，巴菲特买入了超过 10 亿股的苹果股票，占苹果总股份的 5% 以上，耗资 360 多亿美元。这笔投资每年为伯克希尔带来 7.75 亿美元的分红。然而，2020 年巴菲特曾短暂减持苹果股票，拿回了 110 亿美元，这一举动当时受到了芒格的批评。

巴菲特后来承认，卖出苹果股票是一个错误。苹果是一个好公司，因为它不停地回购股票，这使得伯克希尔持有的股份比例不降反升。巴菲特强调，好公司喜欢回购股票，这一观点在 A 股市场同样适用。他指出，A 股市场上很少有公司愿意回购股票，这在巴菲特看来，是 A 股公司不符合他投资要求的一个重要原因。

然而，到了 2024 年，巴菲特又做出了一个令人惊讶的决定——腰斩式减持苹果股票。这一举动并非没有原因，巴菲特一直强调估值的重要性，当他认为一家公司过贵时，他就会卖出。这一决策也与

他对金融危机的预感相吻合。巴菲特曾多次在金融危机来临前卖出股票，尽管这常常导致他的股票被腰斩，但他始终坚持自己的原则。

四、第四块宝石：股东责任与社会贡献

巴菲特在 2019 年和 2020 年之后，越来越强调股东责任、培养基地员工以及为社区做贡献。这一转变背后的原因，是他和芒格都意识到自己已经年迈，可能不久于人世。因此，他们更加注重公司的社会责任和股东利益。

巴菲特在 2020 年的股东大会上再次强调了这一点，他提到他和芒格对个人股东有着特殊的感情。这些个人股东中，许多是他们在早期基金中的合作伙伴，因为信任他们而成为伯克希尔的原始股东。巴菲特和芒格一直对这些股东怀有深深的感激之情，因此他们制定了两条原则来指导伯克希尔的经营：**永远极度避免资金的永久损失，以及对回报没有信心时绝不接受别人的钱。**

这两条原则体现了巴菲特和芒格对股东的责任感和谨慎态度。他们深知，管理别人的钱是一件极其严肃的事情，必须时刻保持敬畏之心。

五、把股东当作合伙人

1969 年，巴菲特解散了自己的基金；1977 年，芒格也解散了其基金。后来，巴菲特的伯克希尔与蓝筹印花公司合并，其中原本有众

多 LP，这些 LP 进而成为伯克希尔最原始的股东，数量达 2900 个。

伯克希尔对这些股东极为珍视。巴菲特表示，他们虽以公司的形式存在，但秉持着合伙人的态度。

时至今日，巴菲特指出伯克希尔的股东分为几类人。

第一类——像巴菲特这样的创始人。

第二类——一些指数基金。为何伯克希尔的股东中有指数基金呢？原因在于指数基金的投资方式是模拟追踪指数，而标普 500 中，伯克希尔长期都是其成分股，所以这些基金会购买伯克希尔，这是一种被动行为，其买卖都是为了适配相应权重。

第三类——专业投资人，包括大学、高净值个人、养老基金等，许多人长期持有伯克希尔的股票而不轻易变动。

巴菲特称，本质上欢迎这三类股东。有的投资经理交易频繁，有的则不频繁；有的偏好宏观视角，有的则侧重微观层面。但总体而言，巴菲特和芒格并不那么复杂，他们仅仅关注公司的长期价值，以做生意的思维看待，而非纠结于交易频繁与否。数以百万计的个人股东出于信任，将资金托付给他们。巴菲特表示，他和芒格所能做的只有一点，那就是关注公司长期价值，为这些股东挑选出最好的生意。这便是他们的目标。

在 2020 年，巴菲特感谢了几位股东。他提到做基金的时候就有人投资，历经几代人，他们如今仍是伯克希尔的股东，巴菲特深感触动，觉得他们几代人一直都是伯克希尔的股东。还有一件更为令人感动的事。2024 年 2 月发生了一件大事，纽约的爱因斯坦医学院收到了一笔 10 亿美元的捐款，捐赠人叫 Rose。这个人是巴菲特基金最早的 LP，他和他的遗孀从 70 年代起就一直持有伯克希尔的股票直至今日。最近这一代人在去世时嘱咐太太不要卖出伯克希尔的股票，可以将其捐出但绝不能卖掉。当时巴菲特还为此事发表了一番感言。

巴菲特说他所见过的最珍贵的 10 亿美元就是纽约爱因斯坦医学院收到的这笔捐款，这 10 亿美元代表了长久以来的深厚感情。伯克希尔的这 100 多万名个人股东也成为伯克希尔文化的捍卫者。每当华尔街的分析师和机构投资人想要抨击巴菲特时，这 100 多万个人股东都会成为巴菲特的坚定拥护者。所以，巴菲特每年召开股东大会都如同一场朝圣之旅，因为这些人无论在盈利还是亏损的情况下，都是伯克希尔文化的坚定拥护者。

巴菲特和芒格承诺，虽不能保证股东一定赚到钱，但会把股东当作合伙人。芒格去世时，伯克希尔股票依然安然无恙。按照巴菲特长期以来的理念，当他去世时，这 100 多万人应该也会是坚定的拥护者，所以伯克希尔股票不可能出现特别大的跌幅，只不过巴菲特对伯克希尔的影响确实如同一种信仰。

每天充满热情去工作

解读巴菲特给股东的第 57 封信（2021 年）

2021 年的股东信，有些另类，巴菲特摒弃了以往业绩增长的数据报告，显得异常低调而神秘。巴菲特在信的开头部分说："一些股东认为这些财务细节令人着迷，而另一些股东则更愿意了解芒格和我所认为的伯克希尔发生的新奇有趣的事情。可惜的是，这种事情在 2021 年几乎没有。不过，我们确实在提高你们的股票内在价值方面取得了合理的进展。57 年来，这项任务一直是我的主要职责。未来也一样。"

一、保守策略下的稳健前行

2021 年，伯克希尔账上现金高达 1440 亿美元。巴菲特与芒格，这两位保守主义的投资大师，将大量现金投资于美国国债，他们深知"不测风云"的威胁，坚持"挣到的钱不能丢"，以确保伯克希尔的坚不可摧。他们的核心理念是，即使面对金融市场的崩溃、超级灾害等未知风险，也能保证下半生的安稳无忧。

芒格的一席话，道出了他们保守策略的核心："我不希望依赖于任何陌生人甚至朋友的善意。"这种自力更生的态度，让巴菲特与芒格在现金管理上显得尤为谨慎，即使面对低利率环境，他们也不愿轻易出手，因为"手里有粮，心中不慌"。

2021 年，市场出现了诸多乱象，如 SPAC（特殊目的收购公司）的狂热上市，298 家空头支票公司涌入市场，最终多数沦为一地鸡毛。此外，模因股的爆炒、AMC 股价从 2 美元飙升至 60 美元的奇迹，都预示着市场的非理性繁荣。巴菲特对此表示忧虑，认为这些现象是危险的前兆。

面对市场的鸡犬升天，巴菲特与芒格坚持等待价格错配的机会。他们认为，长期的低利率会导致各类资产价格上涨，此时应保持耐心，等待市场出现真正的投资机会。

2020 年至 2021 年间，伯克希尔回购了 9% 的股份，耗资 517 亿美元。这一举动，是在市场误解与低估伯克希尔价值时的明智之举。巴菲特强调，回购机会并不常有，关键在于当市场错误理解你时，要敏锐地捕捉到这一机会。

二、人生与职业的智慧

探讨职业选择的智慧时，巴菲特的见解无疑为我们提供了一盏明灯。他提出了一个简单而深刻的原则：假设你不需要钱，你会选择从事哪个职业？这一观点并非空洞的理想主义，而是基于对人性和职业本质的深刻理解。

巴菲特认为，职业选择不应仅仅受经济压力的驱动，尽管这是现实生活中无法忽视的因素。他鼓励人们超越物质层面的考量，去追寻那些真正触动心灵、激发热情的职业道路。这一过程中，可能会因为短期的生存需求而做出妥协，但长远来看，坚持寻找并投身于自己热爱且擅长的工作，才是突破个人局限、实现自我超越的关键。

巴菲特进一步提出了选择职业时应遵循的三个核心标准：首先，这份工作必须对社会有用，即具有社会价值；其次，它必须是你热爱的，因为热爱是持续投入和创新的源泉；最后，你还必须擅长这项工作，因为擅长意味着你能够高效地完成它，从而获得成就感和满足感。

以巴菲特自己的人生经历为例，他在哥伦比亚商学院毕业后，虽然一度未能如愿到偶像格雷厄姆身边工作，但他从未放弃对投资领域的热爱和追求。在奥马哈担任股票经纪人的三年间，他始终保持着对投资梦想的执着，不断给格雷厄姆写信，展示自己的投资见解。最终，他的坚持和努力赢得了格雷厄姆的认可，并如愿以偿。巴菲特坦言，在踏入投资领域之初，他并不在乎工资多少，而是被那份每天迫不及待想要开始工作的热情驱动。

正如巴菲特所言，我们评判职业选择的标准应该是：**在财富自由之后，你仍然愿意从事的工作，就是现在应该去做的工作。**

三、"猩猩效应"

在股东大会上，一个常见的问题再次被提出：巴菲特希望在去世后，人们如何记住他。他的回答既谦逊又深刻，他希望自己被视为一个老师。他的这一想法并非空穴来风，而是源于他长期以来对知识传播的热爱。

早在 70 多年前，巴菲特就在内布拉斯加大学开设了投资课程，分享他的投资智慧和经验。值得一提的是，他每年都会邀请全国几十所大学的学生来到奥马哈，共同探讨投资的真谛。这一传统一直延续至今，只在 2020 年因疫情而中断。巴菲特深信，通过教授他人，自己也能更清晰地理解和拓展思路。这种教学相长的理念，不仅让他自己受益匪浅，也激励了无数学生走上投资之路。

与巴菲特持相似观点的还有他的合作伙伴芒格。芒格将这种现象称为"猩猩效应"，即当你向一个完全不懂你的对象（如猩猩）解释你的想法时，虽然对方可能无法理解，但你在讲解的过程中，自己的思路会变得更加清晰。这种效应强调了教学对于自我理解和知识巩固的重要作用。

巴菲特与芒格的这一做法，不仅帮助他们厘清了思路，也启发了无数投资者。笔者个人解读巴菲特股东信的经历，也深受这一理念的影响。

一切决策都以股东利益为重

解读巴菲特给股东的第 58 封信（2022 年）

2022 年，伯克希尔·哈撒韦公司再次展现了其强大的盈利能力，尽管面临全球经济的不确定性，公司利润依然保持稳健。然而，与利润一同增长的，还有公司的库存金，从 1470 亿美元攀升至 1640 亿美元，这一数字的变化引起了市场的广泛关注。巴菲特对此的解释是，公司需要充足的现金流以应对潜在的风险，并确保在合适的时机进行投资。

一、每 5 年一个重大决策

2022 年，伯克希尔收购了一家新的保险公司，进一步扩大了其业务版图。巴菲特在股东信中透露了他对公司内在价值的看法，并提出了一个计算公司价值的公式：**常态营业利润（扣除非经常性损益）乘以市盈率，再加上投资组合的价值。**这个公式揭示了巴菲特对投资本质的深刻理解，即关注公司的持续盈利能力和投资组合的长期价值。

在这一年的致股东信中，巴菲特回顾了自己掌管伯克希尔 58 年的成绩单。他坦诚地表示，大多数投资决策都并不完美，甚至有些只是运气使然，避免了灾难性的后果。然而，他强调，真正优秀的投资决策是稀缺的，他一共只做出了大约 12 个这样的决策，平均每 5 年才有一个。

为了说明这一点，巴菲特举了两个经典的投资案例：可口可乐和美国运通。1994 年，他用了 7 年的时间在二级市场上买入可口可乐的股票，总投资 13 亿美元。到 2022 年，这些股票带来的分红已经达到了 7.04 亿美元，而可口可乐的股价也大幅上涨，为伯克希尔带来了巨额的资本增值。同样，1995 年，巴菲特开始买入美国运通的股票，也是花费了 13 亿美元。到 2022 年，这些股票的分红已经达到了 3.02 亿美元，股价同样实现了显著增长。

投资的核心在于找到那些能够长期增长的少数赢家，并耐心等待它们带来回报。他强调，**野草终会凋零，花朵才会绽放，而投资的关键就是赌中那些少数的赢家。**

二、内部复利与外部顺风

伯克希尔的成功并非偶然，其背后的秘诀可以概括为两点：内部复利和外部顺风。从 1965 年开始，伯克希尔通过复利效应实现了资产的快速增长。同时，美国资本市场的持续繁荣也为伯克希尔提供了良好的外部环境。

作为美国经济的代表，伯克希尔持有众多大公司的股份，包括美国运通、美国银行、雪佛龙、可口可乐等。这些公司构成了伯克希尔投资组合的重要组成部分，为其带来了稳定的收益和资本增值。此外，伯克希尔还持有大量的现金和美国国债，以确保在金融危机或灾害发生时从容应对。

伯克希尔的 CEO 文化也是其成功的重要因素之一。巴菲特和芒格一直强调，CEO 应该是公司的首席风险官，他们自己也大量持有伯克希尔的股票，与公司命运荣辱与共。这种文化确保了伯克希尔在巴菲特和芒格去世之后仍能够保持持续的发展。

三、巴菲特与芒格的智慧传承

在 2022 年的股东信中，巴菲特不仅分享了其深厚的投资智慧，还深情地透露了他与长期合作伙伴芒格之间深厚的友谊和相互学习的历程。这段珍贵的描述，让我们得以窥见两位投资巨擘背后的思想交流与情感纽带。

芒格，这位在疫情期间迷上播客的老人，甚至在去世前一年都坚持收听。他不仅喜欢听，还亲自录制播客，分享自己的见解。而巴菲特，则养成了一个特别的爱好：听芒格的播客，并做笔记。在股东大会上，巴菲特会分享从芒格播客中摘录的金句。这些话语充满了智慧与洞见。

第一，芒格提到**"世界上到处都是愚蠢的赌徒，他们的表现比不上耐心的投资人"**。这句话强调了耐心在投资中的重要性，与那些急于求成的赌徒形成鲜明对比。

第二，他告诫人们**"如果你看不清事物的本质，就像通过扭曲的**

镜子去判断事物一样，没意义"。这提醒我们要透过现象看本质，避免被表象迷惑。

第三，**"我只想知道我会死在哪里，这样我就永远不会去那里"**。这是一种逆向思维，通过思考可能导致失败的因素，来规避风险。

第四，芒格建议**"尽早写下你的遗嘱，并采取相应的行动"**。这虽然看似与投资无关，但实际上是在强调规划和准备的重要性，无论是对于个人生活还是投资决策来说。

第五，他强调，**"如果你不在乎自己是不是理性，而且也不为此努力，那么你就不会理性，结果也不会好"**。这句话鼓励我们要保持理性，不断学习和思考，避免被感性左右。

巴菲特在分享这些金句的同时，也表达了自己对耐心的看法。他认为耐心是可以学习的，拥有长期的专注和集中精力去做一件事的能力是一个巨大的优势。他还建议从去世的人身上学习，无论是钦佩的还是厌恶的，都能从中吸取教训。

在投资方面，芒格和巴菲特都强调挑选优秀的可长期投资的公司，并长期持有。他们不关注市场泡沫，而是专注于公司的基本面。芒格还特别提到，千万不要使用杠杆，因为投资没有100%确定的事儿。他警告说，一大串美丽的数字乘以零就会归零，千万不要指望有两次发家的机会。

此外，芒格还指出，**致富并不需要拥有很多的东西，真正的富有取决于如何管理自己的欲望**。要成为一名伟大的投资人，就必须不断学习，当世界改变的时候，自己也必须改变。

最后，巴菲特在总结时加了一句自己的金句："找一个聪明的、优秀的合伙人，最好比你大一点儿，然后非常认真地听他的话。"这句话不仅是对芒格的致敬，也是对他们多年合作关系的深刻总结。

2022 年的股东大会，虽然两位投资大师的年龄已经非常大，但他们的分享依然充满智慧和力量。这些"鸡汤"虽然简单，但细细品味，能发现其中蕴含的深刻道理和人生智慧。

芒格虽逝，智慧永存

解读巴菲特给股东的第 59 封信（2023 年）

2024 年 5 月，随着一年一度的股东大会的召开，全球投资者再次聚焦奥马哈，聆听巴菲特这位投资巨擘的智慧分享。这次大会上一个最大的变化是查理·芒格的缺席，因为他在 2023 年 11 月辞世了。芒格的离开，带给巴菲特巨大的悲痛，也是伯克希尔乃至世界投资界的巨大损失。

一、巴菲特的四个"神奇问题"

在股东大会上，巴菲特以他一贯的坦诚与深刻，回顾了与芒格并肩作战的岁月。他深情地称芒格为伯克希尔的"总建筑师"，而自己则是那个"总包工头"。这一比喻，不仅生动展现了两人之间无可替代的合作关系，更透露出巴菲特对芒格深深的依赖与敬仰。

然而，股东大会最令我难忘的，莫过于巴菲特提出的四个"神奇问题"。这四个问题，不仅是对投资哲学的深刻洞察，更是对人生选择的一种隐喻：

问题一：如果你要买入一个同学人生的 10%，你会买谁？

这个问题引导我们思考，在人生的旅途中，谁是最值得我们信赖与依靠的伙伴。它提醒我们，选择与谁同行，往往比目的地本身更为重要。

问题二：如果你要做空一个同学人生的 10%，你又会做空谁？

这个问题促使我们反思，哪些人的行为或态度可能对我们的成长产生负面影响。它教会我们要有辨别是非的能力，远离那些可能拖累我们前进的人。

问题三：如果你可以用子弹干掉一个你行业的竞争对手，你会干掉谁？

这个问题虽然听起来有些残酷，但它实质上是在引导我们思考，在激烈的市场竞争中，我们的核心竞争力何在，我们应该如何保持并不断提升自己的优势地位。

问题四：如果你可以投资除了你自己公司之外的一家公司，你会投资谁？

这个问题鼓励我们跳出自我局限，关注更广阔的市场与投资机会。它提醒我们，保持开放的心态和敏锐的洞察力是成功的关键。

这四个问题不仅是对投资的指导，更是对人生的深刻洞察。它们让笔者意识到，在职业生涯的下半程，选择与谁同行、如何保持竞争力以及开放的心态，将决定我们能否走得更远、更稳。

二、稳健为本，耐心制胜

巴菲特在信中强调，伯克希尔的现金储备高达 1820 亿美元，这是其应对未来不确定性的重要武器。他坦言，这种极端的财务保守主义，是对股东负责的体现。伯克希尔不追求短期利润，而是着眼于长期稳健发展。正是这种保守策略，让伯克希尔在多次金融危机中屹立不倒。

巴菲特还提到，伯克希尔在投资上从不急于求成，而是耐心等待真正的投资机会出现。他举例说，苹果公司的投资就是基于长期的观察和等待，最终在合适的时机大举买入。这种耐心和定力，让伯克希尔能够在复杂多变的市场中捕捉到最具价值的投资机会。

伯克希尔的业务遍布保险、铁路、能源等多个领域，每个板块都有其独特的竞争优势。巴菲特强调，伯克希尔的目标是整体或部分拥有那些具备牢固基础和持久竞争力的优秀企业。这种多元化经营策略，既分散了风险，又保证了公司的稳健增长。

巴菲特在信中多次提到，伯克希尔的股东不仅仅是投资者，更是公司的合伙人。他强调，公司的一切决策都以股东利益为重，确保股东能够分享到公司成长的果实。这种将股东视为合伙人的理念，构建了伯克希尔独特的公司文化。

股东大会不仅是信息的发布平台，更是智慧碰撞的舞台。巴菲特在会上与股东们亲切交流，分享投资心得和人生智慧。这种开放透明的沟通方式，让伯克希尔的股东们更加了解公司的运营情况，也增强了他们对公司的信任和支持。

查理·芒格虽然已离世，但他的智慧和影响力依然深远。巴菲特在信中深情缅怀了这位老搭档，并分享了芒格生前的许多智慧金句。这些金句不仅是对投资哲学的深刻洞察，更是对人生智慧的独到见解。芒格的精神遗产将继续激励着伯克希尔的每一个人。

三、不断前行

巴菲特对伯克希尔的保险业务充满信心。他提到，保险业务是伯克希尔的核心竞争力之一，其稳定的承保利润和浮存金为公司的投资提供了源源不断的资金支持。未来，伯克希尔将继续扩大保险业务规模，提升其盈利能力。

铁路和能源业务是伯克希尔的重要板块之一。然而，这些业务也面临着诸多挑战。巴菲特在信中坦诚地指出了铁路业务在成本结构和利润率方面的问题，并表示将采取措施加以改进。同时，他也看到了能源业务在清洁能源领域的巨大机遇，表示将继续加大投资力度。

对于国际市场，巴菲特持谨慎态度。他认为，伯克希尔在美国市场拥有明显的竞争优势和丰富的管理经验，而在国际市场则缺乏足够的了解和资源支持。因此，伯克希尔将主要关注美国市场的投资机会，对国际市场保持谨慎探索的态度。

巴菲特和查理·芒格的智慧与贡献，不仅塑造了伯克希尔的今天，更为其未来奠定了坚实的基础。随着新一代领导人的崛起和团队的不断壮大，伯克希尔将继续秉承稳健投资、长期发展的理念，为股东创造更多价值。同时，其独特的公司文化和智慧传承也将激励着更多的人不断前行、追求卓越。

巴菲特语录

1   投资的重点不在于多和少，而在于精确和正确。

2   别人贪婪时我恐惧，别人恐惧时我贪婪。

3   如果你不愿意拥有一只股票 10 年，那就不要考虑拥有它 10 分钟。

4   投资的第一条准则是不要赔钱；第二条准则是永远不要忘记第一条准则。

5   价格是你付出的，价值是你得到的。

6   市场先生是服务你的仆人，而不是你的指导者。

7 在发现自己掉进坑里的时候，最重要的事情就是停止挖掘。

8 风险来自你不知道自己在做什么。

9 人生就像滚雪球，重要的是找到很湿的雪和很长的坡。

10 我宁愿模糊正确也不要精确错误。

11 能力圈的大小并不重要，清楚自己的能力圈边界才是至关重要的。

12 世界上购买股票最愚蠢的动机是：股价在上涨。

图书在版编目（CIP）数据

做财富的朋友：巴菲特慢慢变富的投资智慧 / 吕晓
彤著. -- 杭州：浙江人民出版社，2025. 4. -- ISBN
978-7-213-11894-4

Ⅰ. F837. 124. 8

中国国家版本馆CIP数据核字第20258X28N7号

做财富的朋友：巴菲特慢慢变富的投资智慧

ZUO CAIFU DE PENGYOU: BAFEITE MANMAN BIANFU DE TOUZI ZHIHUI

吕晓彤　著

出版发行：浙江人民出版社（杭州市环城北路 177 号　邮编　310006）
　　　　　市场部电话：（0571）85061682　85176516
责任编辑：陈　源
策划编辑：陈世明
营销编辑：陈雯怡　张紫懿　陈芊如
责任校对：杨　帆
责任印务：幸天骄
封面设计：苏艾设计
电脑制版：北京之江文化传媒有限公司
印　　刷：杭州印校印务有限公司
开　　本：880 毫米 × 1230 毫米　1/32　　印　　张：10.625
字　　数：234 千字　　　　　　　　　　插　　页：5
版　　次：2025 年 4 月第 1 版　　　　　印　　次：2025 年 4 月第 1 次印刷
书　　号：ISBN 978-7-213-11894-4
定　　价：75.00 元

如发现印装质量问题，影响阅读，请与市场部联系调换。

【破解财富密码｜诚邀您参加巴菲特投资智慧读书会】

你是否渴望深入了解投资大师巴菲特的成功之道？

你是否反复研读巴菲特致股东信，却始终不得价值投资的真谛？

你是否在投资路上充满困惑，希望找到一群志同道合的伙伴们？

知名投资人吕晓彤，专为本书读者发起读书会活动，诚挚邀请您的参与！

扫码加入